그
리
움

그리움

막달레나 마리아(방경숙) 시집
김병국 시평집

문경出판사

남편과 함께 즐거운 시간

서문

  방경숙님의 이 시집은 하느님에 대한 깊은 사랑을 고백하는 동시에, 일상 속에서 마주하는 마음의 움직임을 세련된 시적 언어로 풀어냅니다. 작가가 일상에서 하느님을 향한 신실한 마음과 겸손한 태도로 주변 사람들을 대하는 모습을 직접 지켜보며, 그 진실된 신앙이 이번 시집에 고스란히 담겼음을 알 수 있습니다.

  각각의 시는 독자에게 따뜻한 위로를 전하며, 동시에 자신을 깊이 이해하고 사랑할 수 있는 용기를 불어넣습니다. 특히 하느님과의 대화는 단순한 신앙적 염원이 아니라, 진정한 자기 발견의 과정으로 다가옵니다. 시인은 하느님과의 만남을 통해 자신의 내면을 탐구하고, 그 속에서 사랑과 용서, 치유를 찾으며, 그 여정을 독자와 함께 나눕니다.

  이 시집은 신앙의 깊이를 체험하고 싶은 이들뿐 아니라, 내면의 진실된 목소리를 듣고 싶은 모든 이들에게 큰 선물이 될 것입니다.

2024년 11월
구동욱미카엘 신부
(애틀란타한국순교자천주교회)

서시

  가끔 당신의 사랑을 생각합니다.
  살짝 비추는 미소와 부드러운 한 마디는 희망을 가꾸는 힘이 됩니다.
  가시밭길도 당신의 따뜻한 손길에 견디며 지금, 여기 있습니다.
  당신의 은혜로움을 무엇으로 표현할 수 있을까요?
앎에서 모름을 줍는 일,
물음과 깨달음이 반복되는 삶은
한 순간도 한가하지 못했습니다.
여름인 듯하더니, 어느새 가을입니다.
말로 형언할 수 없는 이 마음 당신은 아시겠지요.
사랑은 죽음보다 강함을 더욱 믿게 됩니다.

2024년 10월
막달레나 마리아(방경숙)

서문

대학에 31년여를 재직하면서 가끔 언론사나 기관의 요청을 받아 시평(時評)을 써왔다. 지금 정리하면서 다시 읽어보니, 당시에 사회적으로 문제가 됐던 이슈들이 새삼스러운 면이 있다.

사회적으로 이슈가 되는 것들은 나름대로 다 다양한 원인들이 복합적으로 내재해 있고, 그것들을 해결하는 방법도 다양하게 있을 수 있다. 그러므로 이 글에서는 내가 당시에 바라보던 시각에서의 문제 제기요, 나름대로의 해결책들인 것이다.

그 이슈들 중에는 지금의 입장에서 보면 해결된 것도 더러 있지만, 여전히 현재 진행형인 것들이 많은 듯하다. 그리고 당시에 해결된 것들도 지금 그 형태를 바꾸어 다시 문제가 되는 것도 있어서 그 때 글들을 그냥 다 싣기로 했다. 강연록 중에 시평의 취지에 맞는 것들을 가려 세 편을 함께 실었다.

큰누이가 30여 년 전에 가족들과 함께 미국으로 이민을 갔다. 낯선 땅에서 얼마나 어려운 삶을 살았을지 짐작이 간다. 천주교 신자로서 그때그때의 심정을 시로 적었는데, 중간에 잃어버린 것도 있어 많지는 않지만 그것들을 모아 책으로 냈으면 한다. 큰누이는 한때 미술을 좋아했었다. 시는 우리 마음속에 이미지를 그려 생각을 전하는 것이니, 시와 미술은 공통점이 많다. 그러면서 남매가 같이 글을 모으자고 해서 이 책을 만들었다.

2024년 11월
김 병 국 씀

차례

- 서문 _ 구동욱미카엘 신부 · 11
- 서시 · 12
- 서문 · 13

제1부 막달레나 마리아 시집(詩集)
Magdalena Maria's
creative poetry collection

21 · 황혼 노을
22 · 황혼
23 · 여정
24 · 회개
25 · 외로움
26 · 사랑
27 · 상처
28 · 젊음의 뒤안길에
29 · 영원
30 · 낙엽
31 · 한순간
32 · 그리움
33 · 아가들
34 · 순간의 흐름

35 · 홀로서기
36 · 겨울나무
37 · 숲
38 · 방황
39 · 회한
40 · 천년 세월
41 · 삶(1)
42 · 삶(2)
43 · 존재의 이유
44 · 삶의 무게
45 · 그대
46 · 망각
47 · 봄비
48 · 사랑의 조화
49 · 성모어머니의 사랑
50 · 희망
51 · 우리는 하나

제2부　김병국 시평집(時評集)
Kim, Byung Kuk's
current affairs criticism collection

- 55 · 아름다운 강산
- 57 · 인성교육
- 59 · 영어 조기교육
- 61 · 전공대학원
- 63 · 위임된 삶
- 65 · 밀이 남긴 교훈
- 67 · 미래로의 도약
- 69 · 교과서 우리말
- 71 · 우리말과 한자
- 73 · 제2의 개항
- 76 · 부수(部首)를 알면 한자(漢字)가 보인다
- 79 · 추위 속에서 씨앗은 생명력을 키운다
- 82 · 한자에 대한 인식의 전환
- 87 · 푸른 눈빛(靑眼)
- 90 · 삼월에 하는 생각
- 93 · 건전한 다문화 사회를 위하여
- 97 · 행복한 노년
- 101 · 질병과 인간의 삶

105 · 재난과 행복한 삶
109 · 소통과 나눔 그리고 행복
113 · 결식아동과 우리 사회의 행복
117 · 구제역 유감(有感)
121 · 교육의 작은 변화
125 · 희망을 주는 교육
129 · 융합형 인재를 위한 교육
133 · 우리의 삶과 교육의 역할
137 · 독서와 삶의 가치
141 · 왕따 문화
145 · 정상적인 학교 교육
149 · 교육 혁명
153 · 주입식 교육과 창의 교육
156 · 가치 있는 삶
166 · 진정한 세계화를 위한 제언
178 · <단군신화>와 오늘의 한국

제1부

막달레나 마리아 시집(詩集)

Magdalena Maria's
creative poetry collection

황혼 노을

내 삶의 쓸쓸함을 모아 태우면
늦가을 메마른 이 낙엽 냄새와 같을까?
늘 너무 빨리 가고 있다는 생각으로 뒤돌아보면
피곤한 얼굴로 따라오는 그림자

어둠이 짙어가는 끝자락
생명 길에 드리우던 노을 그림자
간간이 숨어 지켜보던 그 길을
이제는 터벅터벅 발걸음을 옮기고 있다.

잊어도 좋을, 그래야만 할 기억을 하늘에 그리며
오래된 별에서 떨어져 나오는
얼굴이 까마득하기만 하다.

하늘에 두 손 벌려 느끼는 허전함
나무와 나무들 사이에 황혼의
붉은 노을

(2024. 10. 15. ≪미주가톨릭평화신문≫)

황혼

노을이
붉은 하늘 뒤로 하고
걸었습니다.
당신이
당신 피로
저렇게 아름다운 노을을
물들게 하셨지요.

당신이 창조하신
이땅이 이렇게 위대함이
눈물 나도록
가슴이 저려옵니다.

(2024. 6. 23. ≪미주가톨릭평화신문≫)

여정

전 압니다.
주님 가슴속에 차지하고 있는
저의 흔적이 보잘것없음을
그러나 전 또 믿고 있어요.
제 노력이 헛되지 않아
주님 안에 가득 채울 뜨거운 피로 떠돌게 될 것을…….

주님이 좋아하는 붉은 노을
전 주님에게 영원히 지워지지 않는
붉은 노을로 주님 안에 남게 될 것을…….

회개

때론
통곡하며 울고 싶을 때가 있네.
아무도 보이지 않은 곳에서의 중얼거림도
오직 나만을 위해서 소리 내어 울고 싶네.
눈물에 흠뻑 젖은 눈과
겸허한 마음을 갖고 싶네.

그럴 때에 내 눈물은
나를 내려놓는 정직한 고백과
뉘우침이 될 것이네.
초라하지만 새롭게 시작을 약속하는
내 기도의 첫마디가 될 것이네.

외로움

마른 대나무 사이로
부스럭거리는 인기척에
나를 놀라게 한 것이
외로움 바로 너였구나.

나는 이 길을 조용히 지나가려
했었는데 그만 너를 깨우고 말았네.

한때 이곳에 울려 퍼지던 메아리 주인들은
지금 어디에 있는가?
대나무 사이를 오가던 새들의
날갯짓
박수치며 날아오르던 세월들
바로 너였구나.
서둘러 이 숲을 작별하려 했지만 그만 들키고 말았구나.
외로움 너였네.

사랑

삶이 너무 고달프고 힘이 들어
포기하려 해도
나를 의지하고 있는 사람의 삶조차 무너질 것 같아
다시 일어섭니다.

세상에 속는 일이 하도 많아
모든 것을 의심하려 하지만
나를 믿어주는 사람의 얼굴이 떠올라
의심의 그림자를 거두고
다시 한번 모두를 믿기로 합니다.

사람들의 마음이 너무 얄팍하여 미워하려 해도
그 사람의 사랑이 밀물처럼 밀려와 그동안 쌓인
미움을 씻어내고 다시 내 앞의 모든 이를 사랑하렵니다.

진실로 한 사람을 사랑하는 것은
온 세상을 사랑하는 것이요,
이 세상을 좋은 세상으로 만드는 것이겠지요.

상처

홀로 있어도 외롭지 않게 하소서.
그리움으로 가슴이 아프다면
그 아픔마저 행복하다 생각하게 하소서.
그리워할 누가 없는 사람은
아픈 가슴마저 없나니.
아파도 나만 아파하게 하소서.
둘이 느끼는 것보다 몇 배 더하게 하소서.

간구하노니
이별하고 아파하는 이 모든 것
그냥 한번 해보는 연습이게 하소서 다시 만나 더욱더
사랑할 수 있게 다시는 헤어져 있지 않게 하기 위한 그런
연습이게 하소서.

젊음의 뒤안길에

불타는 젊음의 뒤안길을 지나니
한 송이 꽃으로 자리 잡은 우리의 생은
낙엽 한 잎에도 눈물이 흐르고
새소리 바람소리에도 눈이 떠지는
가장 깊은 인생의 골이어라.

우리에게 주어진 생에 본질인
귀한 보석을 갈고닦는 순간
뿌연 안개 자욱이
내리는 새벽녘 창가
별들이 고요히 눈뜨고 있는
저문 밤 당신 옆자리에

영원

찬바람 때를 맞춰
잎새마저 보내놓고
아득히 마른 세월
홀로 남아 있노라면
목숨 길 숨찬 영혼
하늘로 치닫더이다.

숨 가쁜 호흡으로
지친 독백 쏟아놓고
창가에 기대어 보는
한숨에 잠긴 명상
광활한 불모의 땅

항시 멀어 닿을 길 없고
내 삶의 거울로 삼아
비추고 싶음이오.

(2024. 10. 20. ≪미주가톨릭평화신문≫)

낙엽

낙엽들로 푸근해진 늦가을 언덕길
낙엽이 흙과 다시 만나듯
우리도 흙과 하나 되어
본향으로 돌아가야 하리.
이승을 사는 동안
숲의 향기를 지닐 수 있다면

저 길모퉁이 돌아서면
이승과 안녕을 해야 할 시간
지나온 삶의 색깔이
가을 숲처럼 아름다웠으면 좋으련만

뒹구는 낙엽과 차가운 공기가
겨울을 예고하고 있네.

한순간

노을이 붉은 하늘 뒤로 하고
걸려 있습니다.
당신 피로 걸러
저렇게 아름다운 노을을 그리셨는지요?
나도 내 피로 사방 저렇게 물들어 가요.

세상은 별거 아니구나.
우리가 이렇게 이땅에 사는 것은
누구누구 때문이 아니구나.
새벽 잠 깨어 어둠이 깔릴 때까지 한순간인 것을…….

그리움

삶의 여정이
결마다 골마다
다른 언어와 다른 몸짓으로
빚은 스펙트럼
행복에 겨운 기쁨과 환희의 빛깔도
고뇌에 찬 슬픔과 분노의 빛깔도
깊이 패인 주름살에서
하나의 빛으로 용해되는 미묘한 조화

파스텔 톤의 어린아이의 봄빛과
수채화처럼 투명한 노인의 가을빛에서
우리가 들뜨는 이유는
어머니의 젖무덤을 그리워하는
어린아이의 향수 같은 방황

아가들

너희들이 달려와
내 가슴에 묻히면
맑고 고운 웃음소리에
꿈인 듯하단다.

너희와 있으면
비 오는 날
창문에 젖어 들어오는
빗물처럼 너희에게
푹 빠져든단다.

내 마음을 들뜨게 하고
너희들 눈동자에서
행복을 느낀단다.

순간의 흐름

오랜 기다림의 방황의 끝으로
새로운 하나의 장을 열어야 한다.

내 지닌 모든 육신을 해체하며
허공에 날려 보내고
없는 모든 것에서 다시
하나의 나를 이루어야한다.

가장 낮은 가치의 삶으로
이생을 그리워하는
마음 바닥을 아리며 아쉬워할 때
풀잎 이슬 되어
자신의 하루를 마감한다.

(2024. 5. 12. ≪미주가톨릭평화신문≫)

홀로서기

봄을 재촉하는 겨울비 속에
내가 머문 이곳 뒤로 하고
정리할 때면
남는 이 홀로 있어도
외롭지 않게 하소서.
그리움으로 가슴이
멍들었다면
그 아픔마저도
거두어가게 하소서.
그 외로움마저 나 한사람만
느끼게 하소서
간절히 간구하노니
빗줄기에 떨어져 나간 공허함
헤어짐으로 아파하는 모든 것
그냥 인생이려니
대범하게 느끼게 하소서.

(2024. 3. 3. ≪미주가톨릭평화신문≫)

겨울나무

삶의 번뇌로 매달려 있는
앙상한 겨울나무는 죽어 있다.
지나간 계절의 청아함은

지나간 기억의 자리는
새로운 움이 숨어 있다.

언제나 우리는 돌아서서 헤매이고
늦게 만나는 쓸쓸한 날은
얼마나 절망적인가.
다시 일어서서 홀로일 수 있다면
낙엽으로 떨어진 기억들이
바람 속에서
하나씩 하나씩 살아
허공으로 올라간다.

(2024. 1. 1. ≪미주가톨릭평화신문≫)

숲

저 푸른 나뭇잎을 보고 있노라면
그냥 당신이 그립고 좋습니다.
당신을 생각하는
이 삶의 청정함과 애련함을
보듬어 안아다가
언제라도 당신에게
보여드리고 싶어요.

흩어지고 사라질 내 시간들이
당신의 생각으로
저 푸른 숲처럼
청명하게 살아 오르고
고운 산 하나
내 눈에 들어섭니다.

당신만 생각하면
그냥 그립고
한없이 세상이 좋아집니다.

(2024. 1. 7. ≪미주가톨릭평화신문≫)

방황

다들 앞서가는 길에 서서
그들만큼 달리지 못하는 변명
늘 어디론가 흐르는데
정지해 버린 듯한 내 소리.

질척거리는 길에서
자신의 삶을 나눌 수 없는 아픔
언제나 홀로일 수밖에 없다.

쓸쓸한 그림자와 함께
떠돌던 날들
내 그리운 하늘은 어디에 있나?

내가 보듬어야 할 하늘은
늘상 흔들리고
내 마음은 어디에서 찾아야 되나?
내가 바라던 사랑의 하늘은…….

회한

하늘과
땅 사이
긴 강물이 흐르고 있네.
쓸쓸한 눈빛
주름진 웃음으로
긴 공간 메꿀 수 없어
잠시 머뭇거리다가
엉거주춤 지나쳤지만
그리고 그사이
쉴 새 없이 번민과 고뇌로
메꾸어 버렸지만
아직도
삶을 사랑하는 일
쓸쓸한 일이라는 것을 알았네.
저녁나절
허한 바람에 떠밀려
돌이킬 수 없는 기억 속에
흔들리네.

(2022. 3. 30. ≪조선일보≫/
2024. 1. 28. ≪미주가톨릭평화신문≫)

천년 세월

비 내리는 산길을 오릅니다.
발소리에 놀란 산새들의 날갯짓 소리.
낙엽 위에 떨어지는 빗소리가
가슴속 깊이 시려옵니다.

천지 간 이룰 수 없는 그리움의 고통은
이승의 흙 위에 맨몸으로 눕고
무슨 죗값인지 아직도
인고의 세월을 보내고 있습니다.

한 마음속의 또 다른 수천의 나를 다스려
간절한 그리움은 하나를 이루고
한 생의 죗값을 다스리기에는
이승의 천년 세월은
너무 버거운 세월이 아닌가 합니다.

(2023. 11. 15. ≪미주가톨릭평화신문≫)

삶(1)

내가 사는 것
우리가 사는 것
바로 하느님께서 주신 삶
예수님과 나와의 관계를
끊을 수 없는 절대적인 끈

사랑으로 믿음으로 소망으로
하느님께 다가갑니다.

(2023. 12. 25. ≪미주가톨릭평화신문≫)

삶(2)

산다는 것이
세월을 보내는 것이라면
차라리
새가되어 살리라.
우리는 인간이기에
만남과 헤어지는
인연이 있거든.

그러니
우리는 서로의
마음을 믿음같이 사랑하리라.
더러는 안타까움이
우리를 슬프게 하더라도
그런 슬픔은
정다운 만남으로
쉬어가면 어떨까.

존재의 이유

다람쥐 쳇바퀴 돌 듯
이른 아침 감은 눈을 억지스레 떠야 하는
피곤한 생활 속에 나른함 속에 파묻힌 채
허덕이는 오후에 앳된 심장 속에서
나의 존재 의미를 조금만 느끼게 하여 주소서.

그 존재에 의하여 당신은
나의 모든 것이라 부를 수 있도록
나의 존재의 의미를 깨닫게 하여 주소서.

그 의미에 의하여 나는 어느 도처에서도
당신을 찾을 수 있고 이 순간에도 당신을
느낄 수 있도록 침묵 속에 영원히
끊을 수 없는 사슬로 당신과 연결되어
영원한 생명 속에 살게 하소서.

(2024. 7. 14. ≪미주가톨릭평화신문≫)

삶의 무게

길바닥에 널브러진 꽃잎들을
주우며 상념에 빠져본다.
누구나 다 견디지 못할
삶의 무게가 있다고
삶에는 예외가 없다고
그러나 어제보다 좀더
날아간 기억의 조각들이
있다고…….

그대

어젯밤 꿈속에서
희미한 햇빛
바다에서 비쳐올 때
나 그대 생각하는가?

달빛 휘영청
샘물에 번질 때
나 그대 생각하는가?

저 멀리 길에서
뽀얀 먼지 일 때
어두운 밤 오솔길에
나 그대 볼 때면
나 그대 생각하는가?

나 그대 곁에 있노라.
멀리 떨어져 있어도
그대 가까이 있으니
해 저물면 별아
나를 위해 반짝이어라.

(2024. 7. 7. ≪미주가톨릭평화신문≫)

망각

굵은 빗방울은 점점 가늘어지고
빗속에 가려져 있던 모습들이 드러나고
쉽게 잊어버리고 싶은 것과 빨리 잊어야 할 것들을
가장 또렷이 기억하게 됩니다.

내가 그것을 필요로 할 때는 나는 떠날 뿐 아니라
필요로 하지 않을 때는 맨 먼저 다가옵니다.
고통마저 망각이란 포장하에
먼 기억 속으로 사라지게 합니다.

봄비

보슬보슬 내리는
봄비는
여름을 재촉하고 있나 봅니다.

아우성치며 내리는
여름날의 소낙비와는 달리
사랑하는 연인을 보내는 이처럼
조용히 눈물을 흘리고 있습니다.

봄비는 지금
여름이 오는 길을 기다리고 있나 봅니다.
긴 겨울을 보내고
짧은 봄도 떠나보내더라도
울창한 숲을 이루었으면
좋겠습니다.

여름이 오면
그대 내 마음속에
그리움을 띄우겠습니다.

사랑의 조화

제 사랑은 우박이었으나
주님의 사랑은 보슬비입니다.
제 사랑은 태풍이었으나
주님의 사랑은 산들바람입니다.

그때는 몰랐어요.
한때의 우박은 피하면 되나
보슬비는 피할 수 없음을
한때의 태풍이야 비껴가면 그뿐
산들바람은 비껴갈 수 없음을….

성모어머니의 사랑

예수님 매달리신 십자가 아래에서
어머니의 삶은 고난의 연속이었습니다.
아드님이 흘리신 피로 인해
우리 나약한 인간에게 사랑이었고 구원이었습니다.
사랑은 죽음보다 강하다는 것을 어머니께 배웠습니다.

어머니의 사랑은 아무말 하지 않아도
따뜻한 위안이 되고
의심과 불안을 녹여줍니다.
또한 어머니의 미소는
깊고 진솔한 사랑만 가져다주는 행복함입니다.

어머니는 나의 전부
우리가 바라는 삶은 모든 것을
아낌없이 나누는 삶입니다.
우리가 무엇이건데 이렇게
크신 사랑을 베푸시는지요.
사랑합니다, 어머니.

희망

여기에 또 다른
파란 새날이 밝아온다.
생각하라. 그대 그날을
쓸데없이 흘려보내려 하는가?
영원으로부터
이 새날에 태어나
영원으로 돌아간다.
시간 앞에서 그것을 보다
본 일이 없고 곧
보이지 않게 된다.

여기에 또 다른
새벽의 여명이 밝아온다.
생각하라.
그대 그날을…….

(2024. 3. 10. ≪애틀랜타 한국 순교자 천주교회주보≫)

우리는 하나

나는 주님이 환한 웃음을 웃으며
나를 향해 다가오는 주님의 모습을 봅니다.
내가 이야기 나눌 상대가 필요로 할 때
나에게 귀를 기우리는 주님의 모습을 보고

내가 아픔에 절망에 빠져 있을 때
나에게 아주 특별한 느낌을 갖게 하시는
주님의 모습을 보며
참 평화와 기쁨을 뼛속 깊이 느껴봅니다.
이러한 주님의 모습을 보면서
우리는 하나임을 느낍니다.

제2부

김병국시평집(時評集)

Kim, Byung Kuk's
current affairs criticism collection

아름다운 강산

 지난 9월 중순, 사흘 동안 '세계를 깨끗이, 한국을 깨끗이'라는 버려진 쓰레기를 치우는 행사가 전 세계적인 환경보존운동의 일환으로 우리나라에서 행해졌었다. 이 기간 동안 우리나라에서만도 무려 수백여 만 명이 참가해서 2.5톤 트럭 5천 5백대 분량의 쓰레기가 수거됐다고 한다. 이는 민·관·군이 힘을 합쳐 이루어낸 성과로 그 응집력과 추진력은 감탄을 자아내기에 충분하다. 이에서 우리는 환경보전에 관하여 일말의 희망을 갖게 된다.
 우리는 환경문제에 관하여 매우 우려할 만한 소식을 자주 접해왔다. 이산화탄소의 증가로 남극의 오존층에 구멍이 나서 인류생존이 위협을 받는다느니, 각 나라에서 내보낸 오염물질이 바다로 흘러들어가고, 또한 바다에서의 기름 유출이 잦아 인류의 마지막 남은 자원의 보고가 훼손되고, 생태계에까지 심각한 영향을 미친다느니, 이러한 환경오염으로 인해 빙하가 녹아 해수면이 높아질 것이며, 또한 이상기후가 빈번히 발생하고 있다는 등, 그리하여 이제 자연의 자정능력이 한계에 왔다는 이야기는 우리에게 너무도 친숙한 정보가 되어버렸다.

  이 행사는 지금은 벌써 우리의 기억 저편으로 사라지고 있는 지난해 브라질의 리우데자네이루에서 열렸던 리우환경회담을 생각나게 한다. 이 회담은 이러한 환경오염을 근본적인 면에서 해결하려고 노력했지만 각국(엄밀히 말하면 선진국과 개도국 또는 부국과 빈국)의 이해가 엇갈려 실질적인 면에서 큰 성과를 거두지 못한 것으로 기억한다. 이에 비하면 이번 행사는 근본적인 문제해결은 아니지만, 환경보전에 대하여 전 세계인에게 큰 자각을 주었고, 보다 많은 사람에게 이 문제의 심각성을 알렸다는 데 보다 큰 의의가 있을 것이다. 또한 현재의 인류의 처지에서 볼 때, 이러한 두 방향에서의 노력이 절실히 필요하다는 인식을 심어주었다.

  그런데 이 문제에 관한 자각과 인식이 다만 그것으로 끝나서는 안 된다. 모처럼 세계가, 온 국민이 이 문제에 깊은 관심을 가졌고, 행동으로 옮겼다. 이번을 계기로 우리는 우리의 환경을 쾌적하게 보전할 수 있는 방안을 강구하여 그것을 조직적으로 지속적으로 시행해나가야 한다. 그러기 위해서는 환경문제에 관한한 각자의 욕심을 버려야 한다. 여기에 얽매여 주춤한다면 아마도 우리가 열심히 쓰레기를 치우고 흐뭇한 마음으로 이마에 맺힌 땀을 씻는 동안 더 많은 쓰레기가 우리의 아름다운 강산 곳곳에 쌓일 것이기 때문이다.

(1993. 10. 11. ≪충청일보≫ 〈무심천〉)

인성교육

얼마 전 올 2학기 때부터 국민학교생들의 학습평가 방법을 바꾼다는 보도가 있었다. 국민학교 1, 2학년은 모든 일제고사를 치르지 않으며, 3~6학년도 국어·산수·사회·자연 등에 한하여 한 학기에 한번 정도 치를 수 있게 한다고 한다. 그 대신 평소에 선생님들이 학생 개개인의 학습 과정과 행동을 주의 깊게 관찰하여 그것을 토대로 자연스럽게 평가를 한다고 한다. 이는 필기시험이 학생들에게 심리적으로 큰 부담을 주고 있으며, 또한 필기시험의 점수가 그 학생에 대한 총체적인 평가인 양 받아들여지는 등 교육적 차원에서 문제가 있으므로, 정상적인 인성교육을 시행하여 학생 개개인의 창의력을 길러주고 사회활동 능력 등을 키워주는 데 그 목적이 있다고 하니, 참으로 바람직한 교육 방침이라 아니할 수 없다.

이러한 평가 방식을 환영하면서 몇 가지 말을 덧붙이고자 한다. 우선 이 제도의 실시 시기가 올 2학기부터라는데 일말의 불안감을 갖게 된다. 어떤 한 교육제도를 시행함에 있어서 그 교육제도가 실질적으로 잘 정착되려면 그 교육 여건을 잘 조성해야 하기 때문이다. 선생님들이 평소에 학생들을 면밀히 주의 깊게 관찰해서 그것을 바탕으로 평가한다고 하는데, 그 평가 요소를 결정하는 것도 문제이려니와 현재 보통 한 반에 있는 45명 내지 50명의 많은 학생들을 선생님 한 분이 과연 얼마만큼 철저하게 관찰·지도할 수 있을지 걱정이 앞선다.

또 하나는 교육이 연계성을 가진다는 점에서의 문제인데, 필기시험을 치르지 않음으로써 학력이 저하될지도 모른다는 우려는 접어두더라도, 이러한 분위기에서 성장한 아이들이 막상 중학교나 고등학교에 들어가서 매달 필기시험을 치르고 그 결과가 성적표를 통해서 본인 및 각 가정에 전달되는 등 입시 분위기에 휘말려든다면 이들이 느끼는 당혹감은 얼마나 클 것인가? 그러므로 국민학교에서의 이러한 제도는 중·고등학교와 적절히 연계되어야 할 것이다.

현재 국민학교에서 시행하고자 하는 이 제도는 분명히 우리의 교육을 한 단계 높이는 것임에 틀림이 없다. 이 제도가 각 지역의 특성에 알맞게 잘 정착되려면 보다 의욕적인 교육의지와 보다 치밀한 교육여건의 조성이 뒷받침되어야 할 것이다.

(1993. 10. 21. ≪충청일보≫ 〈무심천〉)

※ '국민학교'는 요즘 '초등학교'로 바뀌었음.

영어 조기교육

1995년도부터 실시되는 국민학교의 새 교과과정에는 영어 과목을 학교장 재량으로 정규과목 속에 포함시킬 수 있게 된다고 한다. 이는 언어습득 능력이 어른보다 어린이가 훨씬 뛰어나므로 머리가 굳기 전에 빨리 영어를 배워야 한다는 영어 조기 교육론자들의 주장이 받아들여진 것으로 생각된다. 국민학생들의 영어 교육은 이미 전국의 많은 국민학교에서 특활의 형태로 실시되고 있으므로 갑작스러운 것은 아니다. 사실 국민학교 이전의 단계에서부터 어린이들은 학습지라든가 전화학습 등등의 방법을 통하여 이미 영어에 친숙해진 경우가 많다.

이러한 영어 조기 교육의 열기는 오늘날 우리의 현실에서 봤을 때 필연적인 현상 같기도 하다. 대학 진학뿐 아니라 사회에 진출하고 그 속에서 자신의 꿈을 실현시키는 데, 그리고 여러 방면에 있어서의 국제 교류에 있어서 이 영어 구사 능력은 상당히 필요한 것이기 때문이다. 그러나 이러한 영어 조기교육의 열기 이면에 상당히 심각한 문제가 도사리고 있음을 깨달아야 한다.

언어라고 하는 것은 그 언어를 구사하는 민족의 문화를 담고 있는 것이다. 달리 말한다면, 언어는 그 언어를 구사하는 사람의 사고를 지배하게 된다. 그러므로 우리의 아이들이 우리 문화에 대해 어느 정도의 확실한 인식이 갖추어지지 않은 상태에서, 다만 막연히 우리 아이들이 미래에 보다 안락한 생활을 하기를 바라는 마음으로 우리가 영어 조기교육에 찬동한다면, 세대 간의 가치관의 차이는 더욱 심화될 것이며, 보다 근원적으로 우리의 문화는 점차 그 흔적도 없이 사라져갈 것이다. 한편 어른이나 친구 그리고 손아래 사람을 모두 You(너, 당신)로 대명사화하여 사용함으로써 실제적으로 우리 아이들이 그렇게 인식하게 될까 두려워지는 것이다.

영어가 우리 실제생활에 꼭 필요하고, 또 추세가 그렇게 흘러간다면 그 흐름을 막을 수는 없다고 생각한다. 그렇다면 아이들의 영어 실력을 향상시킨다는 기술적인 문제에만 치중하지 말고 그런 문화적 차이를 분명히 인식할 수 있도록 치밀하게 계획을 세워 실행해나가기를 간절히 바라는 바이다.

(1993. 11. 1. ≪충청일보≫ 〈무심천〉)

전공대학원

얼마 전 전국교육대학교협의회 주최로 '21세기에 대비한 초등교육의 전문성 제고를 위한 세미나'가 열렸다. 여기에서 초등교육의 질적 향상을 위하여 전공대학원이 설립되어야 한다는 의견이 나왔다고 한다.

현재의 재교육프로그램은 지극히 평면적이고 형식적인 것으로 되어 이것이 다만 승진 가산점을 올리기 위한 방편으로 흐르고 있으므로 전공대학원을 세워 이를 극복하고 또한 초등교사들도 정보화사회에 뒤떨어지지 않도록 체계적인 재교육 기회를 가짐으로써 교사들이 교과교육에 필요한 자료나 정보를 수월하게 얻고 그동안 축적된 연구 결과가 현직 교사들에게 전달돼 수업 현장에서 교과지도가 효율적으로 이루어지도록 하여야 한다는 것이다.

시대가 전문성을 요구하므로 교사들의 전문성을 높이기 위해 전공대학원을 만들어야 한다는 논리는 일견 당연하기까지 하다. 그러나 전공대학원이 생기면 앞서 제기한 문제가 다 해결된다고 생각하는 것은 크게 잘못이다. 앞서 언급한 초등교사의 재교육프로그램을 만들

때 '지극히 평면적이고 형식적'으로 만든 것이 아니라 나름대로의 고심 끝에 만들었을 것이다. 이 제도가 현재의 상태에 이른 것은 그 제도에 문제가 있다기보다는 그 제도를 운용하는 데, 그리고 그 프로그램에 참여하는 교사들의 의식에 보다 심각한 문제가 있다고 여겨진다. 이 점을 충분히 고려하지 않는다면 현행 제도에 쏟아부었던 비난이 똑같이 전공대학원에 돌려질 것이다.

  초등교육이 효율적으로 중등교육에로 이어질 수 있도록 기본적인 학습능력을 배양하는 것이며 인성 발달의 첫 단계라는 점에 동의한다면, 현재에 초등교사들의 전문성 제고보다 먼저 그들이 따뜻한 마음을 가지고 학생들을 대할 수 있는 방안을 검토하는 것이 보다 시급한 문제일 것이다. 그들은 많은 업무에 지쳐 있으며, 그들이 관심과 애정을 갖고 돌보기에는 학생들이 너무나 많은 것이다. 학생 수를 갑자기 줄일 수 없다면 그에 상응하는 대책이 수립되어야 할 것이다.

(1993. 11. 11. ≪충청일보≫ 〈무심천〉)

위임된 삶

얼마 전 러시아가 동해에 핵폐기물을 투여한 사실이 알려짐으로써 국내외적으로 문제가 되고 있으며, 더욱이 이 사실을 비난했던 일본이 이보다 더 많은 양의 핵폐기물을 동해에 투여한 사실은 우리에게 충격을 안겨주고 있다.

방사능 물질은 원전을 가동시키는 핵연료를 만드는 데 쓰여, 우리에게 풍부하고 질 좋은 전력을 공급해 줄 뿐만 아니라, 의료, 공업, 농업, 연구용 등 여러 목적으로 사용되어 우리의 삶의 질을 높이는 데 기여하고 있다. 그런데 거기에서 나오는 폐기물은 상당히 신중하게 처리해야 한다. 이것은 일반쓰레기와는 달라서 우리가 그것에 노출될 경우 우리는 다시 돌이킬 수 없는 피해를 입게 되기 때문이다. 우리는 그것을 경험으로 알고 있다. 그러나 핵폐기물에 포함되어 나오는 방사능을 없앨 수 있는 기술을 우리 인간은 아직 갖고 있지 못하다. 여기에 심각한 문제가 발생한다. 그래서 그 핵폐기물들을 고형화시키거나 액체의 형태로 지상에, 지하에, 해양 밑에 버리게 된다. 어떠한 형태로든 그 핵폐기물은 우리 지구에 남아 있게 되는 것이다. 현재 인간이 할 수 있는 것은 그 상태에서 그 방사능이 생명을 다하여 스스로 없어지기만을 기다리는 일이다.

지구상의 모든 생물은 그 각각의 삶의 방식은 다르지만 그 삶과 삶은 서로 연결되어 있다. 우리 인간은 그 고리의 한 부분을 차지하고 있으므로, 그 고리의 모든 부분이 온전해야 우리 인간도 건강한 삶을 누릴 수 있다. 그러나 인간은 이미 그 혜택의 달콤함을 맛보았기 때문에 절대로 방사능을 이용하는 일에서 손을 떼지 않을 것이다. 우리 인간은 대단한 모험을 하고 있다.

방사능 물질의 취급에는 많은 주의를 요한다는 명분에 밀려, 우리 일반인들은 그것에서 멀리 떨어져 다만 그 혜택만을 누리고 있다. 그러나 우리의 그 높아진 삶의 질 이면에는 우리의 진정한 삶이 담보되어 있다는 모순된 사실을 깨달아야 한다. 우리의 동의도 없이 우리의 삶은 누구에겐가로 위임되어버린 것이다. 이제 그 삶이 위협을 받고 있다.

(1993. 11. 20. ≪충청일보≫ 〈무심천〉)

밀이 남긴 교훈

 며칠 전 현재 우리나라에서 수입을 제한하고 있는 쌀 등 15개 비교역 품목 중 쌀을 제외한 14개 품목에 대해 관세화 등을 통한 개방 가능성을 가트(관세 및 무역에 관한 일반협정)에 강력히 시사했다는 보도가 있었다. 이것은 정부가 쌀을 비롯한 15개 기초식량의 개방을 끝까지 반대한다는 지금까지의 기본방침에서 한발 물러선 것으로, 우루과이라운드(다자간 무역 협상) 최종 협상시한인 오는 12월 15일을 얼마 앞두고 발표되었다.

 이 우루과이라운드는 비관세 장벽, 지적재산권, 서비스 산업의 교역, 농산물 교역, 섬유 등의 분야를 가트가 포괄하여 다루고 관세도 크게 끌어내리는 것을 그 목표로 하여, 가트에 의해 1986년 제창되어, 오랜 협상과 조정 작업을 거쳐 이제 거의 마무리되어 간다고 한다. 무역의존도가 매우 큰 한국으로서는 이 협상의 타결이 바람직한 일이면서도 우리의 주식인 쌀을 비롯하여 주요 농산물까지도 개방해야 하는 큰 부담을 안고 있다.

 이 협상이 타결되면 한국으로서는 이 농산물 분야뿐

만 아니라, 거의 모든 분야에서 열세에 놓이게 되는데 특히 이 쌀에 크게 관심을 두는 것은 우리의 전통적인 삶이 농경(특히 쌀농사)과 긴밀한 관계를 맺어왔기 때문이다. 현재의 우리의 농산물은 그 생산에서부터 유통과정에 이르기까지 매우 취약한 상태에 놓여 있다고 볼 수 있다. 그리고 외국에서는 우리의 벼 품종과 동일한 품종으로 쌀을 대량생산하여 우리의 쌀시장이 개방되기만을 기다리고 있다고도 한다. 우리가 14개 농산물 품목을 개방함으로써 쌀의 개방을 막으려 하고 있지만 그것이 통할지는 크게 미지수다. 현재의 상태에서 우리 쌀시장이 개방된다면, 우리 쌀은 그 자취를 감추게 될 것이다. 밀은 우리에게 그런 교훈을 남겨 주었다.

우리의 쌀이 외국쌀과의 경쟁에 밀려 사라진다면, 우리가 외국쌀을 수입해 먹고, 그 가격이 외국의 정책에 의해 좌우된다는 경제적 손실 이면에 그 파종에서부터 수확(또는 그 다음 파종)에 이르기까지 우리의 삶을 속속들이 담고 있는 우리 문화의 밑동이 그 탁류에 휩쓸려 함께 사라지게 될 것이다. 여기에 우리가 쌀을 지켜야만 될 이유가 있는 것이다.

(1993. 11. 30. ≪충청일보≫ 〈무심천〉)

미래로의 도약

'새로운 도약에의 길'이란 주제와 '자원의 효율적 이용과 재활용'이라는 부제로 행해진 대전엑스포 행사가 93일 동안 무사히 치러졌다. 이번 행사가 전문엑스포이긴 하지만 개도국으로서는 처음으로 우리나라에서 개최된 것이라고 하니, 한편으로 은근히 자긍심마저 든다.

이 행사에 1백 8개국과 33개의 국제기구가 참가하여 그들의 최첨단 과학기술과 그 나라의 고유문화를 1천 4백만이 넘는 관람객에게 제공을 했다. 그리하여 우리 국민들은 세계의 최첨단 과학기술을 직접 체험함으로써 미래에 대한 희망을 갖게 됐으며, 이것은 특히 관람객의 절반 정도를 차지했던 우리 청소년들에게 미래에의 꿈과 과학하는 마음을 심어주었다고 한다. 또한 엑스포에서는 요즈음 세계의 큰 관심사 중의 하나인 환경과 자원재활용 문제를 다루었으며, 첨단과학과 문화의 접목도 시도되었다. 그리고 엑스포를 통해서 처음에는 다소 문제가 있었긴 하지만 우리의 질서문화와 쓰레기 치우는 문화도 어느 정도 정착이 되었다고 한다.

이번 행사에 외국의 과학기술이 너무 많이 도입되었

다든가, 비록 많은 사람이 이 행사에 참여했지만 실제 한 사람이 본 전시관은 극히 적은 수에 지나지 않으며, 그것도 일부 전시관에 편중되었다는 비판도 겸허히 생각해야 할 문제이긴 하나, 우리 국민이 여기에 관심을 갖고 비록 일부분이나마 그 맛을 보았다는 것은 매우 의의 있는 일임에 틀림이 없다. 그러한 충격은 아주 중요한 경험이다.

우리가 앞으로 해야 할 일은 우리에게 던져진 그 충격을 우리 문화의 내부로 깊이 흡수시키는 일이다. 여기에 우리는 지금까지보다도 더 많은 힘을 쏟아야 한다. 온 국민이 힘을 모아 세계적인 행사를 성공적으로 치러 내고도 그것을 온전히 우리 것으로 정착시키지 못하는 잘못을 다시는 되풀이해서는 안 된다. 그래야만 우리는 밝은 미래에로 힘찬 도약을 할 수가 있다. 국내외적으로 어려운 때에 치러진 이 행사를 보다 뜻깊게 해야 할 것이다.

교과서 우리말

우리나라 국민학교와 중학교 교과서에서 오랫동안 사용되던 수백 가지의 순수 우리말이 점차적으로 사라져 가고 있다는 사실이 한 우리말 연구가에 의해 밝혀지고 있다. 80년 이후 여러 차례의 교과과정 개편을 거치면서 순수 우리말은 자취를 감추고 그 대신 한자어 등 외래어가 그 자리를 차지하고 있으며, 더군다나 그 용어들이 주로 일본의 연구서적에서 그대로 가져온 것이라고 하니 이는 보통 심각한 문제가 아닐 수 없다.

이는 끊임없이 지속되어 온 한글전용과 국한문혼용의 논쟁과는 전혀 그 성격을 달리한다. 순수한 우리말이 있는데 이를 버리고 한자어를 갖다 쓰자고 하는 주장의 어리석음은 길게 이야기하지 않아도 될 것이다. 그것이 학문의 영역이라고 해서 예외가 될 수는 없다. 더욱이 교과서는 국민의식에 넓고도 깊게 영향을 끼치는 것이다. 어린 시절일수록 그 영향의 폭과 깊이는 더 심하다. 우리글과 말을 아끼고 다듬어야 할 교과서에서 오히려 순수 우리말을 사장시키고 있으니, 교과서가 오히려 교육의 역기능을 하고 있는 셈이다.

학문의 연속성을 위해 초중등 교과서에서도 한자로 된 전문용어를 쓸 수밖에 없다고 당국이 설명을 한 것이 사실이라면 이는 나무에 있어서의 뿌리와 가지를 혼동해도 여간 크게 혼동한 것이 아닐 수 없다. 그것은 학문의 출발점이 어딘지조차 모르고 있다는 고백에 다름 아닌 것이다. 더구나 그 전문용어도 스스로 고민하여 연구한 결과물이 아니고 다른 나라의 연구서적에서 가져왔다고 하니 이 얼마나 무책임한 편의주의인가.

여러 분야에서 우리 것에 관한 관심이 어느 정도 높아져 있고 이러한 추세는 앞으로 더할 것이다. 세계화의 길로 힘차게 나아가기 위해서는 우리 것이 확고해야 한다는 사실을 우리는 여러 군데에서 경험했다. 우리 것만을 고집하는 것과 마찬가지로 너무 당장의 편리함만을 생각하여 우리 것을 소홀히 하는 것은 앞날의 우리의 삶에 심각한 해를 끼칠 것이다. 교육이 먼 앞날의 우리의 삶의 모습을 설계하는 것이라면 우리 것에 대한 올바른 인식이 선행되어야 한다.

(1993. 12. 11. ≪충청일보≫ 〈무심천〉)

우리말과 한자

 국민학교 교과서에서의 한자사용에 관한 문제로 다시 논쟁이 일고 있다. 몇몇 분이 헌법재판소에 교육부장관을 상대로 현행 국교 교과서에서 한글만을 사용하고 있는 것에 대해 헌법소원을 청구하고, 헌법재판소가 양측의 변론을 듣기로 함으로써 이 문제에 대한 법리논쟁이 뜨거울 것으로 예상된다. 이는 수십 년을 두고 학자들이 논쟁을 벌여온 것으로 자못 그 결과에 관심이 가지 않을 수 없다.
 우리나라는 오랜 기간 한자문화권 속에서 살아왔고, 오늘날 우리가 사용하고 있는 어휘의 약 70%가 한자어로 되어 있다. 그러므로 우리 민족의 그 오랜 세월 동안의 문화가 대부분 한자에 담겨 내려오고 있으며, 또한 오늘을 바르게 사는 삶의 지혜를 과거 우리 선인들의 삶 속에서 배울 수 있다는 말에 어느 정도 공감을 한다면, 우리가 한자를 포기할 수 없는 이유를 이해하게 될 것이다. 그러나 이것이 아름다운 우리말과 글을 등한시하자는 말은 결코 아니다. 순수한 우리의 말에 애정을 가지고 끊임없이 발굴하고 다듬는 일은 우리의 의무인 것이며, 이 이야기는 이것을 전제로 한 말이다. 우리가 한자에 관심을 가져야 될 또 하나의 이유는 보다 현실적인 것이다. 오늘날 세계가 그들의 잠재력에 주목하고 있는 중국과의 교류에 우리가 보다 유리한 입장에 놓이기 때문이다.

그런데 이 한자를 가르치는 그 시기와 방법은 매우 신중히 결정해야 한다. 1995년도부터는 학교장의 재량으로 영어를 국민학교 정규과목으로 포함시킬 수 있게 되었다. 현재의 상황으로 보아 아마도 대부분의 국민학생들은 학교에서 영어를 배우게 될 것 같다. 우리 아이들이 보다 나은 삶을 사는 데 필요한 것이라면 그것을 보다 빨리 익힐 수 있는 어린 시절에 배우는 것이 나쁠 리는 없다. 그러나 그렇다고 해서 아이들에게 한꺼번에 모든 것을 가르칠 수는 없다. 배우는 것이 즐거운 것이라는 인식을 아이들에게 심어주어야 한다. 더 나아가서 아이들에게는 이러한 것들보다 그들의 감성을 키워주고 그들이 올바른 꿈을 갖도록 돌봐주는 일이 더 바람직한 교육이 될 것이다.

(1993. 12. 20. ≪**충청일보**≫ 〈무심천〉)

제2의 개항

얼마 전 한국으로서는 쌀을 비롯한 모든 농산물을 개방하는 쪽으로 UR이 타결되어 농민들을 비롯한 온 국민의 우려의 목소리가 커가고 있다. 이에 대해 정부는 물론 여러 곳에서 그에 대한 대책을 촉구하는 글들이 속속 나오고 있다. 온 국민이 이 개방의 소용돌이에 휩싸여 있다.

이번에 UR이 타결되어가는 과정을 지켜보면서 한 가지 분명히 확인한 사실은 철저한 국가이기주의와 힘의 논리의 적나라한 표출이다. 이것들은 과거와 같이 더 이상 어떠한 미사여구나 대의명분에 가려지지도 않고, 표면에 노골적으로 드러난 감이 있다. 미리 짐작하지 못한 것은 아니지만, 이러한 국제사회의 흐름 속에서 우리 문화의 특수한 사정을 들어 그래서 그들의 동정을 얻어 쌀을 지키려했던 우리의 태도가 얼마나 잘못됐었는지를 여실히 깨달을 수가 있었다. 협상에 있어서 다른 나라에 비해 특별대우를 받았다는 사실이 우리에게 위안거리가 될 수는 없으며, 더더군다나 자랑거리가 될 수 없다.

　이번을 계기로 농촌을 살리기 위한 근본적인 대책이 시급하다고들 한다. 물론 시급한 문제이다. 그러나 우리는 어떤 사회적인 큰 문제가 발생했을 때, 늘 '근본적인 대책'이란 말을 되풀이해왔다. 올해 있었던 구포 열차사건, 항공기사건, 그리고 서해훼리호사건 때도 그랬다. 한때 무성했던 이런 말들은 슬그머니 우리의 기억 속에서 사라져간다. 그리고는 훗날 유사사건이 발생했을 때 잠깐 우리의 기억 밖으로 나왔다가는 다시 잊혀진다. 일을 당한 당사자 및 그 가족들의 가슴만 응어리져 남아 있을 뿐이다.

　이번 UR 타결로 인한 개방은 우리로서는 제2의 개항이다. 19C 말 그 당시에 인천, 부산, 원산을 통하여 서구의 문물이 물밀듯 쏟아져 들어왔고, 그 와중에 우리는 국권을 잃었었다. 그리하여 당시 우리의 모든 체제는 제국주의의 힘의 논리에 의해 그들의 체제 속에 종속되어버렸었다. 지금의 상황이 모양만 다를 뿐 그때의 상황과 너무나 흡사함을 발견할 수 있다.

　지금의 이 개방을 어느 특정 부류의 잘못으로만 돌릴 수 없다. 그것은 사전에 국제사회의 흐름을 올바로 파악하여 그 대비에 힘을 기울이지 못한 우리 모두의 책임이다. 우리가 지금 온 힘을 다해 온갖 지혜를 짜내어 현명하게 이에 대처해 나가지 못한다면, 우리는 새로운 지배·종속 체제 속에 갇히고 말 것이다. 이것이 그때의 사실로부터 우리가 얻어낼 수 있는 교훈이다.

(1993. 12. 27. ≪충청일보≫ 〈무심천〉)

※ UR: Uruguay Round of Multinational Trade Negotiation(다자간 무역협상)

부수(部首)를 알면 한자(漢字)가 보인다

 요즈음은 한자(漢字)에 대한 국민들의 관심이 매우 높은데, 이러한 현상은 우리의 정체성과 미래를 위해 다행스런 일이다. 한자에 대한 국민적 기대에 부응하기 위해서는 알기 쉽게 접할 수 있는 교재라든가 교수 방법이 더 개발되어야 한다. 한자를 이해하는 방법 중 하나가 부수를 이용하는 것이다.
 현재 한자(漢字)의 수는 정확히 헤아리기 어렵지만 이 중에서 오늘날 우리가 상용하는 한자 수는 약 6천~7천자라고 한다. 이들 한자를 체계화하려는 노력이 꽤 오래 전부터 시도되었는데, 부수(部首)를 통한 시도는 동한(東漢)의 허신(許愼)으로부터이다. 현재는『강희자전(康熙字典)』에 따라 214개의 부수를 사용하고 있지만, 허신(許愼)은『설문해자(說文解字)』에서 9,353종의 한자를 분류하여 일(一)부터 해(亥)까지 540개의 부수를 제시하고 있다. 그는 소전(小篆)을 위주로 자형(字形)의 구조를 분석하여 동일한 의미부(意味符)를 지닌 글자들을 하나의 부(部)라 칭하고 그 부(部)의 공통의 의미부를 앞으로 [首] 내어 문자(文字)를 해설하고 있다. 그리고 부수와 그에 따르는 글자의 배열은 자형(字形) 및 자의(字意)와의 연관에 따라 그 순서를 정하였다.

허신(許愼)이 한자를 분석할 때 소전(小篆)의 모양을 위주로 하였기 때문에 그 뒤에 글자체가 변한 해서(楷書)를 위주로 분석한 것을 가지고 의미를 따질 때에는 맞지 않는 경우가 많다. 또한 한자를 분석함에 있어서는 당시 전하던 육서법[六書法: 지사(指事), 상형(象形), 형성(形聲), 회의(會意), 전주(轉注), 가차(假借)]에 의거했다. 합체자[合體字: 형성(形聲), 회의(會意)]에 있어서 그 구성 단위를 편방(偏旁)이라고 한다. 예를 들면, '상(想)'의 위에 있는 '상(相)'과 아래에 있는 '심(心)'이 각각 편방이 되며, 또한 '상(相)'의 왼쪽에 있는 '목(木)'과 오른쪽에 있는 '목(目)'이 각각 편방이 된다. 이러한 분석이 부수 분류를 가능케 했다.

글자에 있어서 부수는 다양하게 놓인다. 예를 들면, '휴(休), 정(情)' 등의 '인(亻), 심(忄)' 등처럼 글자의 왼쪽이나 '이(利), 가(歌)' 등의 '도(刂), 흠(欠)' 등처럼 글자의 오른쪽에 놓이기도 하며, '가(家), 필(筆)' 등의 '면(宀), 죽(竹)' 등처럼 글자의 위쪽이나 '원(元), 익(益)' 등의 '인(儿), 명(皿)' 등처럼 글자의 아래쪽에 놓이기도 한다. 또한 '정(庭), 거(居)' 등의 '엄(广), 시(尸)' 등과 같이 글자의 위쪽으로부터 왼쪽에 걸치기도 하고 '도(道), 기(起)' 등의 '착(辶), 주(走)' 등과 같이 글자의 왼쪽으로부터 아래쪽에 걸치기도 하며, '국(國), 간(間)' 등의 '국(囗), 문(門)'

등처럼 글자를 에워싸기고 하고, '산(山), 일(日)' 등처럼 글자 전체가 그대로 부수가 되기도 한다.

오늘날 전하는 한자(漢字) 중에 약 90% 이상이 형성자(形聲字)라고 한다. 형성자는 의미를 나타내는 의부(意符)와 소리를 나타내는 성부(聲符)로 구성되어 있는데, 의부(意符)가 부수(部首)가 된다. 그리고 현재 사용되는 214개의 부수를 자원(字源)에 따라 분석해 보면 대략 70% 정도가 형성자(象形字)이다. 그러므로 부수(部首)를 정확히 이해한 후 이를 통해 한자를 익힌다면 그 효과가 클 것은 자명(自明)한 일이다. 예를 들어 나무류에 속하는 것, 나무로 만든 물건과 나무와 관련 있는 글자들의 편방(偏旁)은 모두 '나무 목(木)자'를 따르고 있으니, '송(松), 림(林), 교(橋), 재(材), 식(植)' 등이 그렇다. 또한 물 이름에 속하는 것과 물과 유관한 것을 나타내는 글자들의 편방(偏旁)은 모두 '물 수(水)자'를 따르고 있는데, '한(漢), 원(源), 도(渡), 심(深)' 등이 그렇다.

이상에서와 같이 부수에 대한 올바른 이해는 한자를 익히는 데 많은 도움을 준다.

(2003. 5. 『어문생활』 통권 66호, 한국어문회.)

추위 속에서 씨앗은 생명력을 키운다

내가 논산에 가족과 함께 살았을 때의 일이다. 아파트 근처에 있는 텃밭을 빌려 가족들과 함께 일군 적이 있었다. 1평 반쯤 되는 조그마한 땅덩이였다. 그 곳에 우리 가족은 옥수수, 고추, 치커리, 상추 등을 가꾸었다. 시간이 날 때마다 가서 김도 매주고 물도 주고 정성을 쏟았다. 노동은 힘들었지만 이것들이 자라는 것을 보는 즐거움이 더 컸다.

그런데 어느 여름날 수박을 먹다가 문득 우리 텃밭에 수박씨를 심으면 이것이 싹을 틔워 수박이 열릴까? 하는 생각을 했다. 한번 씨를 심어보기로 하였다. 텃밭에 심은 수박씨는 신기하게도 싹이 나오더니 줄기를 뻗고 그 줄기에서 콩알만 한 열매가 몇 개 맺혔다. 그러더니 곧 그것은 탁구공만 해지고, 점점 자라 야구공만 해졌다. 그러던 어느 날이었다. 소나기가 반나절 쏟아지더니 오후쯤 햇빛이 내리쬤다. 우리는 비온 뒤라 마침 주말이고 해서 텃밭을 돌보러 나갔는데, 이게 어찌된 일인가? 수박이 모두 갈라져 있는 것이 아닌가? 수박을 처음 길러보는 거라 잘 알지 못하고 의욕만 앞선 결과였다.

학교에서 몇몇 학생들과 이야기를 나누다가 수박이 망가진 것이 너무 아쉬워 그 이야기를 했다. 그런데 그 중에 한 학생이 수박을 길러본 적이 있었다고 하며 한 마디 했다. 비가 오면 햇빛이 나기 전에 신문지 같은 것으로 수박을 덮어주어야 그것이 갈라지지 않는다는 것이었다. 수박이 물을 많이 머금기에 갑자기 햇빛을 직접 받으면 껍질이 갈라진다는 것이다. 그러면서 한 마디 덧붙였다. 수박씨를 냉장고 같은 차가운 곳에 두었다가 심으면 생명력이 강해져서 잘 자란다는 것이었다. 그 후에 나는 다시 텃밭에 수박씨를 심은 적이 없어서 직접 확인해 보지 않았지만 그 말에 크게 수긍을 했다. 그리고 이 말은 내 마음에 강하게 각인되었었다.

 요즈음 우리 대학생들을 보게 되면 이 말의 의미를 새삼 되새기게 된다. 모두 그런 것은 아니지만 언제부터인가 우리 대학생들은 쉽고 편하고 재미있는 것만을 찾는다는 느낌을 강하게 받는다. 이러한 풍조는 공부에 있어서도 예외는 아닌 것 같다. 가르치는 방법에 따라 다소 그러한 면이 없는 것은 아니나 학문이라고 하는 것이 쉽고 편하고 재미있기만 한 것은 아닌 것이다. 어느 학문을 하든지 학생들은 그 분야의 기초적인 지식을 익히고 원리를 깨달으며 이를 바탕으로 새로운 것들을 다루어야 하기 때문이다. 그리고 마지막으로 그것이 우리의 삶 속에서 의미를 가질 수 있도록 잘 적용시켜야 하는 것이다. 추위를 견딘 씨앗의 생명력이 강해

지듯이, 공부도 어렵고 힘든 과정을 잘 견디고 극복해 내야 크게 이룰 수 있는 것이다.

  그 어렵고 힘든 과정은 누가 대신 짊어져 줄 수 있는 것은 아니다. 어차피 내가 겪어야 할 일이라면 피하지 말고 그것을 성취했을 때의 모습을 상상하며 즐겁고 기쁜 마음으로 임하는 것이 바람직하겠다. 우리 학생들의 일취월장(日就月將)하는 모습을 기대해 본다.

(2004. 4. 12. ≪건양대학교 학보≫ 〈시론〉)

한자에 대한 인식의 전환

국어기본법이 2005년 1월 27일 제정된 이래 올 2월에 이어 3월에 두 번째 개정이 되었다. 이 국어기본법이 제정되면서 기존의 '한글전용에 관한 법률(1948년 10월 공포)'은 폐지되었지만, 국어기본법은 "대한민국의 공용문서는 한글로 쓴다. 다만, 얼마 동안 필요한 때에는 한자를 병용할 수 있다."라는 '한글전용에 관한 법률'의 기본정신을 거의 그대로 이은 것이라고 생각한다. '한글전용에 관한 법률'이 제정된 이후 한국어문교육연구회 등 여러 학술단체에서 그간 줄기차게 내세운 한글과 한자를 병용해야 한다는 주장은 "대통령령이 정하는 경우에는 괄호 안에 한자 또는 다른 외국문자를 쓸 수 있다."는 형식으로 조금 반영이 되었으나, 이는 만족할 만한 정도가 아니다.

일반적으로 언어는 그 언어 사용자의 의식구조에 영향을 미친다고 한다. 한자는 이미 오래 전부터 우리 민족의 언어생활에 사용되기 시작하여 오늘날에는 우리의 의식구조 속에 완전히 용해되었다고 볼 수 있다. 그러므로 단순히 한자를 한글로 적는다고 하여 우리의 언어생활이 한글만으로 이루어질 수 있다고는 할 수 없다. 그만큼 오랜 세월 우리 생활 속에 쓰여 온 한자는 우리 민족에게 특별한 의미가 있다.

세종대왕께서 만든 훈민정음 해례본(解例本)에 이미 국한문이 혼용되고 있으니, "나랏말쏨미 中國에 달아/ 내 이를 爲ᄒᆞ야 어엿비 너겨" 등이 그것이다. 이러한 전통은 이미 오래된 것이다. 고대 삼국 시대의 고구려(高句麗), 백제(百濟), 신라(新羅)는 이미 그 건국 초에 한자를 사용하여 〈유기(留記)〉, 〈신집(新集)〉(고구려), 〈서기(書記)〉(백제), 〈국사(國史)〉(신라) 등 자신들의 역사서를 편찬했다. 이는 적어도 관직명(官職名), 지명(地名), 인명(人名) 등 고유명사와 서술어에 있어서 이미 우리말에 해당하는 한자어를 사용했다는 의미가 된다. 더구나 신라는 경덕왕(景德王) 때 관청(官廳)과 관직(官職)의 이름, 지명 등을 모두 한식(漢式)으로 바꾸는 대대적인 개혁을 단행했다. 이러한 개혁이 반대에 부딪히기도 했지만, 국가를 경영하기 위해서 우리 문자가 없었던 당시로서는 필요불가결한 것이었다고 본다.

그러나 한자를 사용하는 한편 우리말을 표기할 수 있는 방안을 부단히 노력했으니, 서기체(誓記體), 이두(吏讀), 향찰(鄕札) 등이 그것이다. 그런데 우리말을 표기하기 위해 사용한 이런 방법들도 한문과 마찬가지로 오히려 한자어를 우리말과 글에 스며들게 하는 데 결정적인 영향을 주었다고 생각한다. 이 중에서 특히 서기체와 이두의 표기 방법이 그런 것 같다. 서기체는 한자를 우리말 어순에 따라 배열한 것이고,(예: 二人幷誓記 天前誓: 두 사람이 함께 맹세하여 기록한다. 하늘 앞에 맹세한다.) 이두는 서기체 표기에 한자의 음(音)과 훈(訓)을 빌어 조사·어미 등 문법 형태를 보충하여 그 문맥을 더욱 분명히 한 것이다. 명사(名詞)에 해당하는 한자어는 이두 표기에 그대로 사용되었다. 이렇게 한문과 이두의 보편적 사용으로 인해 그러한 용어가 지식인들 사이에 일반화되었을 것으로 본다. 오랜 세월의 언어 관습으로 인해 훈민정음에도 국한문 혼용이 자연스레 이루어졌을 것이다.

오늘날 우리가 한자를 사용함으로써 얻는 유익함은 참으로 많다. 우선 다양한 어휘를 익히기 편리하다. 예를 들어, '사(思)'는 '생각'이라는 의미를 갖고 있다. 이 말이 들어간 단어는 '사고(思考)', '사상(思想)' '사려(思慮)' 등등이 있는데, '생각'이 이 단어들의 중심 내용임을 알기에 그 뜻을 파악하는 데 큰 어려움이 없다. 이것을 '사고', '사상', '사려'라고 적는다면 일일이 그 단어의 의미를 파악해야 하는 불편함이 있다. 기초적인 한자를 익혀 활용을 한다면 매우 많은 어휘를 짧은 시간에 습득할 수 있는 것이다.

한자를 익힘으로써 풍부한 어휘를 습득할 뿐만 아니라, 단어의 어감 차이를 더욱 정확하게 파악하게 된다. 문학 장르에 '서정(抒情)'이라는 말과 '서사(敍事)'라는 용어가 있다. 그런데 '서(抒)'와 '서(敍)'의 음과 훈은 모두 '펼 서'이지만 이 두 한자가 갖고 있는 함의는 다르다. '서(抒)'는 "물을 길어올리다.(汲出, 『説文』)"는 뜻이고, '서(敍)'는 "벌여 놓아 기술하다.(陳述, 『국어』「진어(晉語)」3)"는 뜻이다. 즉, 이 둘은 음과 훈은 '펼 서'로 똑같지만 그 '펴는' 방향에 차이가 난다. '서(抒)'는 수직적이고, '서(敍)'는 수평적이다. 그래서 '서정(抒情)'은 우리 마음 깊은 곳에 솟아나는 감정을 우물물을 길어 올리듯이 끌어올려 적절한 언어에 담아[조탁(彫琢)] 주제를 표출하는 것이고, '서사(敍事)'는 시간의 흐름에 따라 카메라를 좌우로 움직이듯이 사건을 벌여 놓아 기술함으로써 주제를 표현하는 것이다.

또한 한자 학습을 통하여 우리 청소년들의 인성을 계도할 수도 있다. 오늘날 핵가족 사회를 삶으로써 자신과 가족, 타인을 원만하게 관계 맺지 못하는 우리 청소년들에게 '성의(誠意)' '정심(正心)'을 통하여 올바른 사회와 세계를 구현하고자 했던 우리 선조들의 글이나 그들이 사용한 용어를 통하여 바른 마음을 갖도록 교육할 수도 있다.

"베트남 최후의 왕국의 수도 후에에 아주 유서 깊은 절이 있었다. 그 절에 갔다가 우연히 품위 넘치는 한 노승과 한문으로 필담을 나누게 되었다. …… 그날도 시작은 이랬다. '가능 서 한자?(可能 書 漢字?)' 이렇게 하는데 대단한 실력이 필요한 것 아니다. 1,800자만 제대로 읽고 쓴다면 한자문화권과 기본적인 교류를 할 수 있다. 한자를 배우자 말자. 괄호 안에 넣자 밖에 넣자. 이렇게 설왕설래하는 시간에 그냥 1,800자를 공부하면 안 되나? 초등학교는 그만두고라도 중·고등학교 6년간 1년에 300자. 하루에 한 자씩만 공부하면 되는 건데.(『한비야의 중국견문록』)"라는 말이 더 현실적으로 다가온다. 우리말과 글에 녹아 있는 한자를 우리 한글과 다르다고 생각하는 인식을 하루빨리 바꾸어야 한다.

      (2009. 1. 『어문생활』 통권 134호, 한국어문회.)

푸른 눈빛(靑眼)

 삼월 오일은 절기로 경칩(驚蟄)이다. 겨우내 잠자던 개구리가 움직이기 시작한다는 때이다. 어찌 개구리뿐이겠는가. 따뜻한 봄기운에 만물이 생기를 찾아가는 계절이다. 우선 개나리가 봄을 맞이하여 노란 꽃을 피우고 연이어 온 산이 연한 초록으로 싱그러움을 드러낼 것이다.
 중국 위진(魏晉) 시대에 완적(阮籍)이라는 사람이 있었다. 당시 권력에 아첨하는 선비에게는 백안(白眼: 흰 눈빛)으로 대하고 그렇지 않은 선비에게는 청안(靑眼: 푸른 눈빛)으로 대했다고 한다. 우리 마음이 답답하고 가슴이 울분으로 가득하면 우리 눈빛이 희게 되고 기쁘고 즐거우면 눈빛이 푸르게 된다고 한다.
 이제 개강해서 방학 동안 보지 못했던 재학생들과 특히 이번에 새로 들어온 신입생들을 만나면 내 눈빛이 푸르러 지리라.
 설레는 마음으로 대학 생활을 하게 될 신입생들에게 몇 가지 조언을 하고자 한다.
 첫째, 인생의 큰 설계를 그리도록 권한다. 살아가면

서 자신의 가치관을 확립해 가고 인생의 목표를 정하는 것은 매우 중요한 일이다. 목표를 정하고 가는 발걸음과 그냥 가고 보자는 마음으로 옮기는 발걸음은 그 모습부터가 차이가 난다. 학과의 교수님들, 같은 길을 가는 선배들, 주변의 친인척분들과 많은 대화를 갖고, 자신이 정한 분야의 성공한 사람들과의 만남 등등을 통해 자신이 생각하는 목표를 구체적으로 정해야 한다.

둘째, 일상 속에서 일정한 생활 규칙을 만들어 실천하기를 권한다. 우리 생활의 모든 것은 습관이다. 그리고 좋은 습관이든 나쁜 습관이든 그것은 반복의 결과이다. 하루의 시간을 적절히 안배하여 정해진 시간에 꼭 그에 해당하는 활동을 하되, 그것을 꾸준히 반복해서 그 규칙이 몸에 배도록 해야 한다. 좋은 습관은 자기 발전의 든든한 기반이 된다.

셋째, 다양한 체험을 하기를 권한다. "수없이 많이 듣는 것이 한 번 보는 것만 못하다.[百聞不如一見]"라는 말이 있듯이, 몸소 부딪쳐 얻는 경험이 삶을 풍족하게 하는 자양분이 된다. 여행을 통한 다양한 인생 경험, 음악, 미술, 공연 등 예술 감상을 통한 미적 경험, 역사, 문화 공간 탐방을 통한 시대정신의 경험 등등은 매우 유익한 것들이다. 여건을 탓하는 것은 핑계에 지나지 않는다. 그리고 직접 체험하기 어려운 것과 전문적인 지식 등은 인간 지혜의 보고(寶庫)라 할 수 있는 책을 통하면 자신의 바람직한 삶을 위해 소중한 것들을 얻을 수 있다.

    넷째, 외국어 공부를 권한다. 어느 외국어든 자신의 진로와 관련된 것이면 좋다. 지금은 세계의 여러 나라들이 한 지붕에서 지내는 것 같은 시대가 되었다. 그래서 주변에서 외국인을 쉽게 접할 수 있게 되었고, 외국과의 교류가 더욱 빈번해졌으며, 앞으로는 더욱 그렇게 될 것이다. 그러므로 자신의 분야에서 크게 성장하기 위해서는 외국어가 거의 필수처럼 되었다.

    다섯째, 타인을 배려하는 마음가짐을 권한다. 우리는 경쟁 사회에 살아가고 있다. 그렇지만 그 경쟁은 자신만의 발전을 위한 것이 아니고 우리 모두의 발전을 위한 것이다. 그러므로 항상 상대방을 배려하는 마음가짐이 필요하다. 경쟁의 과정과 결과는 승리를 위한 것이 아니라 우리 모두의 행복을 위한 것이어야 할 것이다.

    신입생들은 대학에 들어오기 전까지 입시에 시달렸기 때문에, 대학에 들어와 처음에는 모든 구속에서 벗어나 자유롭게 지내고 싶어 하는 심리가 강한 것 같다. 그렇지만 대학의 입학은 공부의 끝이 아니라 진정 자신만이 꿈꾸는 세계를 만들기 위해 공부를 시작하는 것이다.

    학생들을 바라보는 내 눈빛처럼, 나를 바라보는 학생들의 눈빛도 푸르기를 기대한다.

(≪건양대학교 학보≫ 〈시론〉)

삼월에 하는 생각

 삼월은 일년 중 세 번째 놓여 있는 달이지만 학교는 이때 학기가 시작하기 때문에 늘 새로운 시작이라는 느낌으로 다가온다. 얼마 전 입학식을 통해 새로운 식구들을 맞이했고, 방학으로 인해 한동안 보지 못했던 재학생들도 오랜만에 얼굴을 보았다.
 대학이라는 이름으로 우리 학생들은 이곳에 모인다. 대학(大學)은 말 그대로 '큰 학문'이다. 큰 학문이란 무엇인가? 그것은 단순히 많은 지식을 갖게 되는 것만을 의미하는 것이 아니라, 우리 인생과 우리가 사는 세상을 꿰뚫어 볼 수 있는 안목(眼目)과, 태양이 만물에 생명을 베풀듯이 여러 사람들에게 이로움을 베풀어 주는 덕(德)을 지니는 것이다.
 우리는 정보화 시대에 살고 있어 우리가 원하는 정보를 인터넷을 통해 무한히 얻을 수 있다. 농업 시대에는 많은 정보를 갖고 있는 것이 중요했다. 그 시대에는 정보의 소통과 지역의 이동이 수월하지 않기 때문에 많은 지식이 중요한 역할을 했다. 똑똑하다는 의미로 총명(聰明)하다는 말이 있다. '총(聰)'이라는 말은 '귀가 밝다.'는 뜻이고, '명(明)'이라는 말은 '눈이 밝다.'는 뜻이다. 귀가 밝아야 다른 사람보다 더 먼 곳의 소리를 들을 수 있고, 눈이 밝아야 다른 사람보다 더 먼 곳의 것까지 볼 수 있다. 즉 총명하다는 말은 어원적으로 정보의 양과 관련이 있는 것이다. 그러므로 옛날에는 노인들이 존경을 받았다. 제한된 지역의 범위 안에서 많은 경험을 축적할 수 있었으므로 그 지역에서 일어나는 문제들에 대해서 스스로의 해결책을 갖고 있었기 때문이다.

그러나 지금은 세상이 바뀌어 소통이 일상화됨으로써 전문성의 면에서 나이의 벽이 허물어진 지 이미 오래되었다. 그러므로 앞으로의 세상은 내가 얼마나 많은 정보를 알고 있느냐가 중요한 것이 아니라 그 수많은 정보들 중에서 올바르고 필요한 정보를 가려낼 수 있는 능력, 곧 안목이 더욱 중요시될 것이다.

이 안목을 키우는 방법으로는 실제 생활에서 부딪히는 삶의 경험과 독서(讀書)가 있다. 특히 책은 수많은 그리고 다양한 사람들의 삶의 모습이 담겨 있는 인류의 보고(寶庫)이다. 그러므로 독서를 통해서 우리는 세상을 살아가는 삶의 안목을 키울 수 있는 것이다. 2000년대 초반 신세대를 의미하는 엔(N)세대라는 말이 생겨났다. 엔(N)은 네트워크(Network)를 뜻하는 말로, 이들이 컴퓨터와 인터넷을 생활의 주요 수단으로 삼기 때문에 붙여진 이름이다. 이들은 이성보다는 감각에 의존하는 경향이 있어서 감각세대라고 불리기도 하고, 감각 중에서도 시각적 감각에 의한 정보를 선호한다고 해서 비주얼 세대라고도 한다. 정보화 사회를 선도하는 계층이라는 의미도 갖고 있다. 이렇게 본다면 신세대와 독서는 얼핏 상충하는 듯한 느낌을 받기도 한다.

그러나 독서는 활자에 대한 이해만을 요구하는 것이 아니다. 독서는 문자를 통해 문자 저 너머에 있는 다양한 삶에 대해 생각하는 능력을 키워주며, 어떤 현상에 대해 다양한 측면을 바라볼 수 있는 종합적인 사고력을 키워주는 것이다. 아무리 비주얼한 것이 중요해지는 시대가 지속된다 하더라도 삶의 안목을 키우는 데 독서만한 것이 없을 것이다.

우리 대학이 독서인증제를 시행하면서 우리 학생들이 졸업할 때까지 꼭 읽어야 하는 '세상을 읽어라! 건양을 펼쳐라! 건양필독서 101선'이라는 도서 해제집을 만들었다. 학생들을 위한 이 작업에 우리 대학의 많은 교수님들이 참여를 했다. 그래서 더 의미가 크다고 생각한다.

지금 봄비가 촉촉이 내리고 있다. 이 생명의 봄비가 대지 속에 스며들어 뭇 생명들을 피어나게 하듯이, 우리 학생들이 독서를 통해 자신의 삶의 생명력을 꽃 피울 수 있게 하기를 이 삼월에 바란다.

(2010. 3. 5. ≪건양대학교 학보≫ 〈시론〉)

건전한 다문화 사회를 위하여

2010년 여름 한 달은 남아공 월드컵 열기로 더욱 뜨거웠었다. 이번 대회 중 흥미를 끌었던 것 중의 하나가 좋은 경기력을 선보인 독일의 다문화팀이었다. 기존의 힘을 위주로 하던 팀 칼라에 개인기를 겸비시킴으로써 훌륭한 팀으로 만들었다는 평이다. 이번 독일 대표팀 중 절반 가까이가 폴란드, 터키, 가나, 브라질, 튀니지 등 외국계인데, 엠(M) 세대라고 불리는 이들은 세계화의 긍정적인 모습으로까지 평가 받고 있다.

사실 이번 대회에 독일만 다문화팀이었던 것은 아니다. 프랑스도 다문화팀이었다. 아프리카 국가 태생이거나 이민 2세들이 다수 포함되었다고 한다. 그런데 프랑스는 선수들과 감독, 코치 간에 갈등을 겪으며 참담한 성적으로 예선 탈락했다. 그렇다면 다문화팀이라고 해서 다 좋은 성적을 내는 것만은 아니다. 그 다양한 재능을 지니고 있는 선수들을 어떻게 통솔하느냐가 관건인 것이다. 그것은 주로 감독과 그를 도와주는 코치들의 몫이다.

남아공 월드컵 열기가 막바지에 이를 무렵 우리나라

에서는 한 베트남 신부의 죽음이 사회의 큰 이슈가 되었으며, 그 여파는 당분간 지속될 것으로 보인다. 20세의 베트남 신부와 47세의 한국인 남편, 그런데 남편이라는 사람은 57회의 정신과 치료를 받았으며, 희망을 찾아 한국에 시집 온 앳된 신부가 결혼한 지 8일 만에 남편에 의해 살해되었다는 점이 우리 사회에 큰 충격을 주고 있다. 그리고 올해 초 캄보디아 정부에서는 자국 여성들이 한국 남성과 결혼하는 것을 잠정적으로 허락하지 않는다는 내용을 우리나라에 전해오기도 했다.

우리나라는 극도로 낮은 출산율과 남녀 성비의 불균형, 인구의 도시집중화와 3디(D) 업종의 기피 등으로 인해 사회적으로 많은 문제점을 드러내고 있다. 이로 인해 한국의 나이 많은 농촌 총각들이 중국, 베트남, 필리핀, 캄보디아, 태국 등 동남아시아의 젊은 여성들과 결혼하고 있으며, 외국인 근로자들을 데려다가 부족한 노동력을 보충하고 하고 있다. 대학들도 부족한 입학 자원을 확보하기 위해 외국학생들을 유치하는 데 많은 힘을 들이고 있다. 우리나라는 이미 많은 인종이 함께 사는 다인종국가이며, 우리가 출산율을 혁신적으로 늘리지 않는 한, 이들의 인구 비중은 점차 늘어날 것이다.

다른 것들도 마찬가지지만 이 중에서 결혼이주여성들의 문제는 우리가 많은 관심을 갖고 시급히 함께 해결해 나가야 한다. 결혼이주여성들과 이들이 출생한 자녀 및 재혼 시 데리고 들어온 자녀들이 정상적으로 한국 사회에 잘 융화되도록 하는 프로그램을 계속적으로 개발하여 시행해야 한다. 특히 이들의 자녀들 중 절반 이상이 학교에 진학하여 공교육의 혜택을 받지 못하고 있으며, 진학하더라도 학년이 올라갈수록 재학률이 현저히 떨어지고 있다.

물론 정부나 지자체에서 자체적으로 이들을 위해 많은 노력을 기울이고 있는 것도 사실이다. 법무부는 사회통합프로그램을 통하여 다문화가정의 부부를 대상으로 한국어 및 한국문화에 대한 교육을 시행하고 있고, 여성가족부는 각 지역의 다문화센터들을 통해 각 지역의 결혼여성이주자들을 일정한 장소에 모아 교육도 시키고 한편으로는 방문지도사들이 이들을 방문하여 교육을 하게도 하고 있다. 또 얼마 전에는 행정안전부, 법무부, 여성가족부, 문화체육관광부 등이 서로 각기 따로 해오던 다문화 가족에 대한 한국어 교육을 표준화하고 이들에 대한 혜택도 동일하게 적용하는 등의 협약을 맺는 등 행정적인 조치를 취하기도 했다. 그리고 각 지자체에서도 자녀를 둔 결혼여성이주자들에게 자녀 교육에 필요한 내용을 여러 나라 언어로 제작하여 배포한다든가, 그들의 자녀들이 공교육을 받을 수 있도록 행적 처리를 쉽게 한다든가, 이들을 위한 별도의 프로그램을 만들어 시행하는 등 많은 활동들을 하고 있다. 그런데 이에서 한 가지 바라는 것은 다문화 가정의 문제를 총괄하는 기구를 통하여 총체적이고 체계적으로 이 문제를 다루도록 하는 것과 현재보다 한 박자 내지 두 박자 빠르게 이러한 문제들을 위해 움직여 달라는 것이다. 이들을 배려하고 포용하는 우리 국민들의 인식 전환도 필요하지만, 이에 대한 정부의 역할이 매우 중요하고 절실하다. 우리 속담에 콩 심은 데 콩 나고 팥 심은 데 팥 난다는 말이 있다. 우리가 이들의 문제를 단발적인 관심으로 대한다거나 무관심으로 대한다면, 몇 년 전 프랑스에서 일어났던 흑인 폭동이 결코 남의 일만은 아니라는 것이다.

행복한 노년

　우리나라는 2000년도에 65세 이상의 노령 인구가 전체 인구의 7.2%에 이름으로써 '노화가 시작되는 나라'의 기준인 7%를 넘어선 이래 계속 증가하고 있는데, 노령 인구가 총인구의 14.8%에 이르는 2018년에는 고령사회, 20.8%에 이르는 2026년에는 초고령사회에 진입하게 되고, 2050년에는 노령 인구가 총인구의 40% 정도가 될 것이라고 한다. 경제가 발전하고 의료기술이 발달하면서 노령 인구가 느는 것은 어찌 보면 당연한 일이지만, 노령화가 시작되는 나라 중에서도 고령사회, 초고령사회로 접어드는 속도가 미국, 영국, 프랑스, 일본 등 다른 선진국가들에 비해 우리나라가 매우 빠른 것이다.

　우리나라는 1962년부터 네 차례의 경제개발 5개년 계획을 시행함으로써 국가 경제가 급성장했는데, 이러한 성장의 결실로 생긴 물질의 풍요를 정신적으로 좇아가지 못해 사회적으로 많은 어려움을 겪어왔다. 그런데, 노령 인구의 증가로 인해 급속히 고령사회에 진입함으로써 또다시 사회적으로 어려움을 겪고 있는 것이다. 6·25 전쟁을 겪은 세대들은 고스란히 이러한 혼란의 소용돌이, 그 중심에 서 있다.

대부분의 노인들은 젊었을 때 부모님 모시고 자식 키우며 먹고 사느라 자신을 위한 투자를 할 여유가 없었는데, 그들이 노인이 되어서는 막상 자신들을 돌보아줄 이들이 없는 상황에 놓인 것 같다. 더군다나 저출산 등의 영향으로 사회적으로도 그들을 도울 여력이 충분하지 않다. 사회적으로 노인 1명을 부양하는 데 필요한 생산가능인구(15~64세) 수가 2005년 7.9명이었으나, 2020년에는 4.6명, 2050년에는 1.4명이 된다고 한다. 아울러 외환위기 이후 저축률이 급속히 감소하면서 이들의 노후생활이 더욱 불안해져 가고 있으며, 이러한 일들로 인해 노인 빈곤층의 수가 적지 않다고 하니, 안타깝기 그지없다.

국가에서는 이러한 노인들을 위해 여러 정책을 펴고 있다. 1990년 9월 7일 국민기초생활보장법을 마련함으로써 사회 극빈자에 대한 지원을 하고 있어, 많은 노인 극빈자들이 이 혜택을 받고 있으며, 1981년 6월 5일에는 노인복지법을 법률로 제정하여 노후에 심신의 건강을 유지하고 생활을 안정시키기 위한 각종 지원을 하고 있다. 또한 보건복지가족부 노인정책과에서는 노인 복지를 위해 일하는 민간단체에 국고를 지원하는 사업을 하고 있다.

그리고 각 지자체에서도 노인들의 생계와 건강뿐 아

니라 이들을 위한 교양프로그램 등 다양한 프로그램을 마련하여 시행하고 있다. 그러나 국가나 지자체, 민간단체의 이런 노력에도 불구하고 노령 사회로의 빠른 진입 속도를 따라가기에 벅찬 감이 있다. 노령 사회로의 빠른 진입에 따른 어두운 그림자 중의 하나가 노인 자살이다. 2008년 사회통계조사(교육, 안전, 환경) 결과에 따르면, 60세 이상 노인의 자살 증가 수는 다른 OECD 국가들의 3배 이상에 달한다고 하며, 2008 사망 및 사망원인 통계 결과에서는 75세 이상의 자살률이 OECD 국가의 평균보다 8.3배가 넘는다고 한다. 이는 노년에 나이가 들수록 삶의 만족도가 크게 떨어진다는 반증이 될 것이다.

미국의 여론조사기관인 갤럽이 전 세계 155개국 국민을 대상으로 2005년~2009년 사이 국민들의 전반적인 삶의 만족도를 나타내는 '인생평가'와 조사 전날 하루 동안의 만족도를 묻는 '일상경험' 두 항목으로 행복지수를 조사했는데, 사회보장제도가 잘 되어있는 덴마크, 핀란드, 노르웨이, 스웨덴 등이 상위에 랭크되었다고 한다. 이들의 사회보장제도도 문제점을 안고 있기는 하지만, 국민들의 삶의 만족도 향상에 크게 기여하고 있음을 알 수 있다. 이러한 지표는 사회보장제도 확충을 위한 우리 국가와 지자체의 노력이 더욱 필요하다는 근거가 될 것이다.

그리고 이러한 국가와 지자체의 노력과 더불어 삶을

긍정적으로 대하는 개인의 노력도 중요하다는 생각이 든다. 우리 동양에 전해져 오는 안빈낙도(安貧道)라는 말이 있다. "가난함 속에서도 편안해 하며 도(道)를 즐긴다."는 말이다. 이 때 도(道)는 '우리가 일상생활 속에서 마땅히 해야 할 일'을 포함한다. 부유하거나 가난하거나 사람으로 살아가면서 마땅히 해야 할 일은 무엇인가? 그것은 서로를 존중해 주는 마음가짐일 것이다. 더욱 친숙한 말로 한다면 상대방을 위해 배려하는 마음일 것이다. 이것은 우리가 따뜻한 마음을 가질 때 행복함을 느낄 수 있다는 말이다. 이러한 따뜻한 마음으로 나를 충만케 하고, 가족을 결속시키며, 나아가 주위의 사람들과 관계를 맺는다면 노년이 더욱 행복하지 않을까 생각한다.

(2010. 8. 19. ≪중도일보≫ 〈목요세평〉)

질병과 인간의 삶

　요즈음 슈퍼박테리아가 다시 화제다. 일본 도쿄에 있는 한 대학병원에서 환자 46명이 이 슈퍼 박테리아에 집단 감염돼 27명이 숨졌으며, 이 중 9명이 슈퍼박테리아가 직접적인 사망 원인이라는 사실이 뒤늦게 공개됨으로써 더 큰 이슈가 되었다. 슈퍼박테리아는 기존의 박테리아가 항생제에 내성을 지니게 된 것으로 어떠한 항생제로도 치유가 어려운 박테리아라고 한다. 대학병원에서 슈퍼박테리아에 감염된 사실이 놀라울 뿐만 아니라, 우리나라에서 치료 받다 일본으로 돌아간 환자가 슈퍼박테리아 감염에 의해 사망한 사실이 더 우리를 놀라게 한다. 우리도 일본과 같은 상황에 직면할 수 있기 때문이다.

　작년에 신종플루(신종 인플루엔자 A)로 전 국민이 곤욕을 치른 기억이 아직도 생생하다. 치료제인 타미플루가 확보되지 않아 더욱 마음을 졸였다. 직장과 가정에서 손 세정제를 마련해 감염을 막으려고 많은 노력을 기울였었는데, 특히 집안에 노인이나 아이가 있는 경우는 더욱 마음 졸임이 심했다. 그리고 보니, 2003년에는 홍콩에서 발생한 사스(SARS, 중증 급성 호흡기 증후군)로 중국이 공포의 도가니에 빠졌었고, 또 이때쯤부터 고병원성 조류 인플루엔자 바이러스가 인체에 감염된 사례가 속속 보고되어, 우리에게 바이러스에 대한 경각심을 높였다.

바이러스와 박테리아는 분명히 다른 것이지만 눈에 보이지 않는 미세한 것들이 오랜 세월 사람의 생명을 집단적으로 위협해 왔으며, 그 강도가 점점 더 커지고 있다는 사실은 매한가지다. 바이러스는 변이를 하는 바람에 그 변이의 방향을 예측하기 어려워 그에 대한 예방 백신을 미리 만들어 놓기 어렵고, 질병을 일으키는 병원균으로서의 박테리아는 우리 인간이 만든 항생제에 스스로 내성을 키워 치유하기 쉽지 않게 되었다.

더군다나 사람들이 약을 오용하거나 남용함으로써 병원균이 내성을 키우는 시간을 단축시켜 주고 있는 것이다. 질병을 치유하기 위해 항생제를 만드는 인간과 항생제에 대한 내성을 키워 제 나름대로의 방식으로 살아가는 박테리아를 보면서 환경에 적응하는 것만이 생존한다는 적자생존(適者生存)이라는 말이 생각났다. 아울러 이 지구는 우리 인간들만의 것이 아니라는 사실을 다시 한번 생각해본다. 이 세상에 살아남기 위해서는 환경에 적응해야 하는 것이 모든 생명체의 숙명인 것이다.

현재 슈퍼박테리아는 인도, 영국, 미국 등지에서 발생되었고, 지난 달 중순쯤 세계보건기구(WHO)는 신종 슈퍼박테리아의 위험을 경고하면서, 그것의 확산 방지를 위해 각 국가가 적절한 조치를 취해줄 것을 촉구했는데, 우리나라의 질병관리본부는 지난 1일 슈퍼박테리아 5종을 법정감염병으로 지정해 관리하는 방안을 마련하고 있으며, 우선적으로 전국 종합병원급 의료 기관 50여 곳을 대상으로 항생제 내성균에 대한 감시체계를 운영해 감염환자 현황을 정기적으로 파악할 계획이라고 한다. 이 외에도 질병관리본부는 신종플루 등 이미 우리에게 위험을 안겨준 바이러스와 결핵균 등 병원균에 대해 지속적인 발생 사례 등 질병의 예방과 치료에 관한 많은 정보를 만들거나 수집해 홈페이지에 안내하고 있다.

그렇지만 OECD(경제협력개발기구) 국가 중 항생제를 제일 많이 쓰는 우리나라가 슈퍼박테리아의 위협으로부터 안전할 수 있을지 매우 염려스럽다. 이를 위해서는 내성균에 대한 다양한 감시체계를 운영함으로써 그에 알맞은 항생제를 빠른 시일 내에 개발·제조하는 것과 더불어 항생제의 오용과 남용을 줄이거나 없애는 것이 좋은 방법이 될 것이다. 또한 항생제의 오용과 남용은 사람뿐만 아니라, 가축이나 횟감으로 쓰이는 어류에서도 매우 심각하다.

그 가축이나 어류의 섭취를 통해 내성균이 사람에게 옮겨진다면, 그에 적절히 대처하는 것이 매우 어려워질 것이다. 바이러스, 병원균 박테리아와 우리 인간의 삶을 위한 끝없는 대결 속에서 우리가 취할 조치는 무엇인가? 현대인이 이러한 질병으로부터 완전히 자유스럽지는 못하겠지만, 질병에 대한 예측과 예방, 홍보, 시의적절하고 체계적인 대처 능력의 향상 등 국가와 사회의 지속적인 관리 능력과 다른 국가와의 범세계적인 협력 체계 구축, 그리고 개인의 철저한 위생의식 등이 맞물려야 세계화되어 가는 이러한 질병의 위협으로부터 우리들이 어느 정도 편안한 삶을 살 수 있지 않을까 생각해 본다.

(2010. 9. 16. ≪중도일보≫ 〈목요세평〉)

재난과 행복한 삶

 살면서 큰 재해나 재난을 당하지 않고 지낼 수 있다면 그것은 행복한 삶이리라. 오복(五福)중 몸과 마음이 편안한 것을 강녕(康寧)이라고 하는데, 아마 이러한 행복도 이에 속할 것이다. 과학 기술의 발달로 대표되는 현대 인류 문명은 뚜렷한 명암을 지니고 있다. 건축에 있어서 초고층 건물이 이에 해당한다. 초고층 건물의 건설은 건축 기술에 대한 자부심의 표현이기도 하다. 그러나 관리를 소홀히 할 경우 그에 상응하는 크나큰 인명피해를 초래하게 된다.

 며칠 전 인천 송도의 한 21층짜리 타워의 맨 위층에서 불이 났는데, 다행히 불은 10여 분만에 잡히고 인명피해는 발생하지 않았다고 한다. 얼마 전 부산 해운대의 38층짜리 주상복합아파트에서 화재가 발생해 세간의 이목을 집중시킨 터라 사람들은 고층 건물의 화재에 대해 예민한 반응을 보이고 있다. 이 두 사건은 향후 초고층 건물이 많이 들어서게 될 우리나라에 많은 시사점을 제공해 준다.

 우선은 고층건물을 비롯한 초고층 건물의 건축에 대

한 규정을 정밀하게 마련하고 엄격히 시행하는 일이다. 우리나라의 건축 기술은 세계적이라고 할 수 있다. 그런데 국내에 건설한 건축물에 가끔 문제가 생기는 것은 그 법규에 문제가 있는 것은 아닌지 살펴볼 필요가 있다. 그리고 화재 시 대피할 수 있는 안전 공간을 확보한다든가, 화재를 효과적으로 진화할 수 있는 시설 등을 마련하고, 이를 정기적으로 점검해 유사시 잘 대처할 수 있게 하는 등 안전을 최우선으로 하는 인식이 필요하다.

특히 우리나라는 현재 20층 이상의 건물에서 화재가 발생할 경우, 외부에서 진화할 수 있는 장비로는 소방 헬기가 유일한데, 이것의 보유 대수가 절대 부족한 상황이므로 화재에 대해 자체적으로 진화할 수 있는 설비를 건물에 필수적으로 갖추어 놓아야 한다. 아울러 초고층 건물의 경우 내진 설계도 철저히 이루어져야 한다.

그리고 재난에 대한 우리 국민의 안전불감증을 불식시켜야 한다. 부산 해운대의 복합아파트의 경우, 화재가 나기 1년 전쯤 해당 아파트의 스프링클러가 작동하지 않는다는 지적이 있었음에도 고치지 않았다는 것은 이만저만한 안전불감증이 아닌 것이다. 이 아파트의 경우 외벽에 시공한 알루미늄 패널도 문제가 됐다. 다른 지역의 화재 분석 결과, 알루미늄 패널이 화재를 키운다는 지적이 있었음에도 부산에서 이같이 시공을 했다는 것은 문제가 심각하다. 안전보다는 외관을 중시하는 인식은 하루빨리 고쳐져야 한다. 나와 내가 사랑하는 가족이 산다는 생각으로 건축물을 짓는다면 이와 같은 일은 절대 없을 것이다.

인천의 경우도 마찬가지다. 권내에 초고층건물이 세워졌으나 그 초고층건물의 화재를 진화할 수 있는 고가사다리차가 한 대도 없으며, 더군다나 시가 내년 예산에서 고가사다리차 구입비용을 전액 삭감했다고 한다. 물론 예산을 편성할 때 나름대로의 우선순위가 있겠지만 주거시설에 큰 불이 날 경우 커다란 인명피해를 피할 수 없기 때문에 사고에 대비하는 차원에서 구입해 놓아야 하지 않을까 생각한다. 또한 대피 방법을 마련하여 거주민들에게 주지시키고 대피 훈련을 일정하게 할 필요도 있다. 초고층 건물의 경우, 전문요원을 배치해 이 일을 전담케 하는 것도 고려해 볼 일이다.

소방방재청이 마련한 자료에 의하면, 2000년부터 2009년까지 10년 동안 화재로 인한 사망자는 평균 502명으로 이 기간 동안 교통사고 사망자 6,978명보다는 훨씬 적으나 자연재해로 인한 사망자 72명보다는 꽤 많은 편이다. 이 중 화재의 주요 원인은 부주의로 인한 것으로 드러났는데, 이것은 우리의 안전불감증에 기인한다고 본다.

과학 기술의 발달과 경제의 발전으로 우리 삶의 질은 높일 수 있지만, 우리의 행복한 삶을 위협하는 요소들의 종류와 크기도 함께 늘어나고 또한 커지고 있다. 영화나 뉴스로만 접했던 재난의 현장에 바로 나와 내 가족이 놓여 있을 수도 있다. 건물을 튼튼하고 안전하게 잘 짓고, 철저하게 관리하는 것만이 그러한 상황에 놓이지 않고 우리의 행복을 지킬 수 있는 길이 아닐까 생각해 본다.

(2010. 10. 21. ≪중도일보≫ 〈목요세평〉)

소통과 나눔 그리고 행복

얼마 전 시작된 광저우 아시안게임에서 우리나라 선수들이 초반부터 선전해 대회 열기가 더해지고 있다. 모든 선수들이 열심히 하고 있지만, 특히 축구에 있어서는 올해가 매우 뜻깊은 해가 될 듯하다. 2010 남아공 월드컵에서 남자 선수들이 외국에서 개최된 월드컵에서 사상 첫 16강에 진출했으며, 그 후 8월에는 20세 이하 여자 월드컵에서 우리 선수들이 3위를 차지하더니, 9월에 열린 17세 이하 여자월드컵에서는 우승을 하는 기염을 토했다.

그 원인을 찾자면 축구협회의 체계적이고 적극적인 지원을 빼놓을 수 없겠지만 이들에게는 공통점이 있으니 바로 감독들의 뛰어난 리더십이다.

이들은 선수들이 즐겁게 즐기면서 축구를 하도록 이끌었다. 남자대표팀의 경우 코칭스태프들이 선수들의 말을 경청해서 대표팀 운영에 적극 반영했으며, 상대팀의 비디오를 보면서 선수들에게 이를 분석하고 대책을 마련해 보라고 했다고 한다.

이것은 선수들에게 즐기는 축구뿐만이 아니라 생각

하는 축구를 하도록 이끈 것이다. 이런 것들이 창의적인 플레이를 하는 바탕이 됐으리라 본다. 즉 소통과 상호신뢰를 바탕으로 이룩한 성과인 것이다. 요즘 사회는 이런 창의적인 인재를 요구하고 있다.

지난달 초 경기도교육청에서 학생인권조례를 발표했다. 이 조례는 학생의 인권이 학교 교육과정에서 실현됨으로써 인간으로서의 존엄과 가치 및 자유와 권리를 보장하는 것을 목적으로 제정됐으며 '대한민국헌법', '유엔 아동의 권리에 관한 협약', '교육기본법', '초·중등교육법'에 근거하고 있다. 구체적으로 '체벌'을 금지하고, '복장, 두발 등 용모에서 개성을 실현한 권리', '학교 운영 및 교육청의 교육정책 결정과정에 참여할 권리', '야간자율학습, 보충수업 등 정규교과 이외의 교육활동과 관련해 자유롭게 선택해 학습할 권리'를 학생이 결정토록 한다는 것이다. 이런 학생의 권리가 실현될 때 '소통과 나눔 속에 학생인권이 존중되는 행복한 학교'가 만들어진다고 보고 있다. 이런 조례를 준비하고 있는 지역으로 경기도 외에 광주, 경남, 부산, 안성, 군포 등이 더 있다고 한다.

이에 대한 일선 교육계의 우려가 만만치 않다. 우선 교권이 서지 않는다는 것이다. 가뜩이나 학생들을 관리하기 힘든데 그런 조례를 만들면 학생지도는 거의 포기해야 할 상황이라고 말한다. 이런 상황 속에서 순천의 모 중학교에서는 여교사와 학생이 서로 머리채를 잡고 몸싸움을 벌인 사실이 알려져 문제의 심각성을 더하고 있다. 학생이 교사에게 대들고 몸싸움도 마다 않는 일이, 심지어는 학부모가 학교를 찾아와 학생들이 보는 앞에서 교사를 면박주고 폭력을 행사하는 경우도 종종 전해진다. 예전에는 상상조차 할 수 없는 이런 일들이 벌어지는 현 상황에 대해 교사들은 당황할 수밖에 없을 것이다. 벅찬 업무량에 짐이 하나 더 지워진 듯한 느낌을 받을 만하다.

그러나 학생인권조례가 제정된 원인을 살펴보면 또한 수긍이 가는 면이 많다. 우리나라의 많은 청소년들이 자살을 생각하거나 시도하고 있다고 한다. '성적 비관 자살 4.25배 증가(교과부 2009년)', '청소년 20명 중 1명꼴로 자살 시도(질병관리본부 2007년)', '청소년 2명 중 1명꼴로 자살 생각, 10명 중 1명꼴로 자살 시도(한국청소년상담원 2008년 9월)', '청소년 사망원인 2위가 자살(통계청 2009년)' 이상은 경기도교육청이 제시한 자료의 내용이다. 우리 청소년들이 한참 꿈을 키워나가야 할 시기에 왜 자살을 생각하고 시도하는지 원인을 찾아 그들이 행복한 생활을 영위할 수 있도록 해주는 것은 어른들의 몫이다.

더 이상 중·고등학교가 대입준비 기능에만 매달려서는 안 된다. 학생이 한 주체로서 스스로 생각하고 의견을 나누고 어떤 일을 결정해 실행할 수 있는 능력을 키우도록 해줘야 한다. 대학에서도 학생선발 방법을 다양화하기 위해 노력하고 있다. 학생 개인의 잠재된 능력을 발견할 수 있는 다양한 방법들을 모색해 시행하고 있는 것이다. 그 기저에 학생의 창의성이 놓여 있다. 주입식 교육으로는 결코 성취할 수 없는 능력이다. 교사가 학생을 믿어주고 그들의 말을 경청해 반영하고 학생이 즐겁게 공부할 수 있도록 이끌어줘야 가능한 일이다.

 현실적으로 헤쳐 나가야 할 문제들이 산적한 것을 모르는 것은 아니나 규율이 엄하다는 체육계에서도 해낸 일이니만큼 우리 모두가 머리를 맞대고 지혜를 모으면 가능한 일이라고 생각한다. 이번 월드컵이 우리에게 보여준 또 다른 희망인 것이다.

(2010. 11. 18. ≪중도일보≫ 〈목요세평〉)

결식아동과 우리 사회의 행복

 나는 일 년 중 특정한 때에 몇 종류의 전화를 받는다. 추석 등 명절을 앞두고는 장애인협회 등에서 어려운 생활을 하고 있는 장애인들을 도와달라는 전화를 받고, 방학을 앞두고는 방학 동안에 끼니를 굶는 학생들을 도와 달라는 전화를 받으며, 개학을 앞두고는 시골 벽지에 있는 학생들을 위해 어린이 신문을 보내주라는 신문사의 전화를 받는다. 각각에 있어 그 단체의 수도 적지 않은 듯하다. 그러고 보면 아직 우리 주변에는 힘들게 살아가는 사람들이 많다는 느낌이 든다.
 나는 매번 이들을 돕는 것이 벅차기 때문에 돌아가며 조금씩 도와주고 있다. 이들의 사정이 딱한 것도 있지만, 이들의 이야기를 듣다보면 거절하기가 쉽지 않기 때문이다. 얼마 전에 내년 예산이 국회에서 처리가 되었는데, 그것에 대해 여러 가지 문제들이 제기되고 있다. 그 중 정부 차원에서의 결식아동에 대한 급식비 지원이 전액 삭감된 것에 대해 아동센터협의회 등 관련 단체들을 비롯해 일반인들까지 비난 여론이 들끓고 있다.
 2008년 기준으로 68만 6000여 명이 학기 중에 급식

지원을 받았는데, 방학이나 휴일에는 25만 8000여 명만이 급식지원을 받았으므로, 40만 명 정도는 방학이나 휴일에 굶었다는 것으로 지금도 더하면 더했지 그 때와 크게 다르지 않다는 것이다. 그러나 정부에서는 결식아동에 대한 급식비가 삭감된 것이 아니라 법에 따라 원래대로 지자체로 환원된 것이라고 한다.

'방학 중 아동 급식지원사업'은 2005년 중앙정부로부터 지자체로 이양되었는데, 2009년과 2010년에는 세계적인 경기침체로 인해 한시적으로 국비지원을 한 것으로, 이제는 그런 경기침체를 벗어났기 때문에 그 사업을 다시 지자체가 시행하도록 한 것이라고 한다. 그런데 문제는 지자체에서 이러한 예산을 확보할 수 있느냐다. 현재 예년 수준의 예산을 지원 받을 것으로 예상했던 지자체들이 예산 마련에 많은 어려움을 겪고 있다고 한다. 그러므로 당장 이번 겨울 방학부터 많은 학생들이 밥을 굶을 상황에 놓이게 됐다.

결식아동이란 '국민기초생활보장수급자, 결손 가정, 노동력 상실·실직 등으로 인한 빈곤 가정 학생 중 가정형편이 어려워 도시락을 가져오지 못하거나 학교 급식비를 납부하지 못할 처지에 있는 학생'이라고 교육부는 해석(2001년)하고 있다. 통계청의 자료에 의하면 2007년에 초등학교에 재학 중인 아동 중 가정의 생활고로 인한 결식을 경험하였거나 결식한 상황에 처한 적이 있는 아동이 전국적으로 0.9%였다고 한다.

당시 초등학생 수가 383만 명(2007년 9월 12일 발표, 교육인적자원부)이었으므로 대략 3만 4470명이 결식아동이었다는 이야기가 된다. 올 해 초등학생 수는 329만 9094명(2010년 10월 26일 발표, 교육과학기술부 위탁, 한국교육개발원 조사)으로 작년보다 17만 5301명이 감소했지만, 산업화 도시화로 인해 가족의 구조와 가족의 기능에 많은 변화가 일어나, 1인 가구, 소년소녀 가장, 여성 가장 가족, 편부모 가족 등의 가족 형태가 증가함으로써 오히려 결식아동들은 점점 증가하는 추세라고 한다.

'방학 중 아동 급식지원사업'이 지자체로 이양된 2005년 이후에 많은 지자체에서 이에 대한 예산을 확보하지 못해 이들에 대한 실질적인 지원이 이루어지지 못했다. 그러므로 정부에서 주장하듯이, 이 사업 예산이 삭감된 것이 아니라 지자체에서 확보해 지원할 것이라는 말을 곧이곧대로 신뢰하기가 어려울 듯하다. 2007년 당시 서울 지역 초등학생의 1%가 결식아동이었고(통계청), 점차 그 수가 증가하는 추세라는 점을 감안한다면 서울에 밥을 굶는 학생이 없다는 서울시의 말도 그대로 신뢰하기는 어려워 보인다.(급식을 보편적으로 학생 모두에게 지원할 것인지 아니면 차상위 계층 학생만 선별 지원할 것인지에 대한 옳고 그름을 떠나서 말이다) 그러므로 여러 자료를 검토해보면, 이번 겨울 방학부터 밥을 굶는 학생이 많이 생길 것이라는 주장에 동의하게 된다.

  청소년은 국가의 미래라고 한다. 이들이 아무 조건 없이 교육 받고, 마음에 구김살 없이 성장할 때 국가의 대들보가 될 수 있는 것이다. 더군다나 의식주는 삶의 가장 기본적인 요건이다. 이것은 법이 그렇다고 하여 지자체에게만 미룰 일이 아닌 듯싶다. 정부에서 좀 더 관심을 갖고 근본적으로 문제를 해결하고자 하는 적극적인 자세가 필요한 때다. 밝고 행복한 표정을 짓는 아이들이 많으면 많을수록 그것이 곧 우리 사회의 미래의 행복한 모습이겠기 때문이다.

(2010. 12. 16. ≪중도일보≫ 〈목요세평〉)

구제역 유감(有感)

　지난 2월 23일 '생매장 돼지들의 절규'라는 동영상이 천도교 대교당에서 열린 공개 기자회견에서 공개된 후, 인터넷 사이트에 게시되면서 살처분되는 동물들의 문제가 사회적으로 큰 관심거리가 되었다. 이 동영상은 작년 11월에 발생해서 거의 전국적으로 퍼진 이번 구제역으로 인해 경기도 이천시의 어느 두 마을에서 구제역 바이러스에 감염된 돼지들이 생매장당하는 모습을 8분 25초 동안 생생하게 전하고 있다. 이 동영상은 동물사랑실천협회(CARE)에서 제작하고 천도교, 원불교, 천주교, 개신교, 불교 등 5개 종교의 35개 단체에서 지원을 했다고 한다. 이와 더불어 경기도 파주 지역으로 살처분 자원봉사에 나섰던 어느 정당 소속의 지역위원장이 작성한 '살처분 일지'가 인터넷 신문에 게재되어 살처분되는 현장의 실상을 생생하게 전해주고 있다.

　앞의 동영상이 살아 있는 생명을 매몰하는 모습을 통해서 생명에 대한 비애와 구제역에 감염된 동물들을 처리하는 방법에 대한 문제점을 우리에게 던져주었다면, 후자는 구제역에 감염된 동물들을 매몰하는 관계자들의 애로와 그로 인한 환경오염의 문제를 제기하고 있다.

2010년 11월 경상북도 안동에서 확진 판정이 난 이번 구제역은 지금 거의 전국적으로 확산되었으나 아직까지도 완전히 잡히지 않고 있다. 정부와 지자체에서는 이 구제역을 막기 위해 온힘을 기울이고 있다. 현재 소와 돼지에 대한 1차 접종이 완료된 상태이고 구제역에 감염된 소와 돼지를 비롯한 동물들을 매몰시킴으로써 구제역의 더 이상의 확산을 막고 있다.

구제역에 감염된 동물들을 소각하거나 매몰하는 것이 현재로서는 유일한 방법이므로 이미 구제역이 발병한 동물들을 땅에 매몰하는 것이 불가피한 일이지만, 안락사를 시킨 후 매몰하는 것이 아니라 생매장하는 것에 비인도적인 비애를 느끼는 것이다. 작년 말에 이미 동물을 안락사 시킬 약품이 떨어져 공급이 중단됨으로써 생매장시킬 수밖에 없었다는 것은 적절한 준비를 하지 못했다는 것에 다름 아니다.

동물들을 생매장함으로써 생기는 문제는 인도적인 면뿐만이 아니라 환경적으로도 심각한 후유증을 낳게 된다. 돼지들을 생매장할 때 그 몸부림으로 인해 벽면의 비닐이 다 찢겨져나가 이들 사체에서 생기는 침출수가 곧바로 토양에 흘러들어감으로써 토양을 오염시키고, 주변의 지하수를 오염시킬 수 있다는 우려가 제기되고 있기 때문이다. 비가 와서 이 침출수와 섞이게 되면 그 오염의 속도는 더 빨라진다고 한다. 이번 안동에서부터 시작된 구제역으로 올 1월까지 330여만 마리의 소와 돼지가 전국 4600여 곳에 묻혔는데, 충청남도의 경우 구제역 및 조류인플루엔자(AI) 매몰지로부터 300m 이내에 위치한 지하수가 1200여 곳에 달하며, 구제역이 발생한 타 지역까지 모두 포함할 경우 매몰지 인접 지하수는 1만 곳을 넘을 것이라는 주장이 있다. 인근 토양에 스며든 침출수는 최대 10년 이상 그 토양에 영향을 미친다고 하며, 침출수에는 설사병이나 장염을 일으키는 대장균과 살모넬라균 등 해로운 미생물이 들어 있을 가능성이 크기에 수돗물이 아닌 오염된 지하수를 마실 경우 우리 인체에 큰 해를 끼칠 수 있는 것이다. 국립수의과학검역원은 2월 현재까지 7개 시·군 15개 매몰지(30개 시료)의 침출수에 대한 중간 검사결과 구제역 및 탄저균이 검출되지 않았다고 밝혔으나 지속적인 점검을 게을리해서는 안 될 것이다.

이번 구제역으로 방재 작업에 동원된 사람들의 애로도 이만저만한 것이 아니라고 한다. 그들 중 사망 10명을 포함하여 126명의 사상자가 발생했다고 하니, 열악한 환경 속에서 책임을 다하고자 했던 이들의 노고를 잊어서는 안 된다. 특히 살처분 매몰 등에 참여한 사람들이 트라우마(외상 후 스트레스)를 해소할 수 있는 실질적인 배려가 필요할 것이다.

정부에서는 구제역으로 인한 매몰지를 관리하는 여러 가지 대책을 내놓고 있다. 구체적으로 매몰지 지역에 상수도를 설치한다든가 생수공장 취수정의 수질변화를 지속 감시한다든가 매몰지에 물막이막을 설치한다고 한다. 또한 중앙재난안전대책본부는 구제역 등으로 인한 가축 매몰지를 체계적으로 관리하기 위해 최첨단 IT기술을 활용한 매몰지 종합정보지도시스템을 구축하여 매몰지 정보를 종합적이고 입체적으로 관리한다고 한다.

그러나 중요한 것은 정책을 입안하여 실행에 옮기는 것이다. 정부가 2003년 '구제역 백서'를 통해 다양한 대응방안을 세웠음에도 불구하고 그대로 준비하여 이번 구제역에 적절히 대응하지 못한 것을 반면교사(反面敎師)로 삼아야 할 것이다.

(2011. 3. 16. ≪대전일보≫ 〈오피니언〉)

교육의 작은 변화

　요즘 대학에 들어가는 문제로 고3 학생들과 그 부모님들은 애를 태우고 있다. 그것은 좋은 대학에 들어가기 위해서이다. 좋은 대학이라는 기준도 다양하지만 많은 고등학생들은 그 이유를 좋은 직장에 취직해서 돈을 많이 벌어 잘살기 위해서라고 한다. 다 그런 것은 아니지만 많은 학생들의 생각이 그렇다는 것이다.
　고등학생들이 대학에 들어오게 되면 초기에는 오히려 공부에서 멀어지는 경향이 있다. 대학에 들어가는 것이 목표였던 학생들은 대학에 들어가서 새로운 목표를 세워 자신의 꿈을 이루기 위해 노력하지 못하고, 고등학교 때 너무 공부에 시달린 나머지 잠시 쉬고자 하는 마음이 앞서는 것 같다. 그래서 고등학교 때 마음 놓고 해보지 못했던 일상의 일들에 시간을 보낸다. 또 적지 않은 학생들은 집안의 형편 때문에, 또는 경험 삼아 아르바이트를 하기도 한다.
　그러한 일들이 사회생활을 하는 데 좋은 경험이 되는 것은 물론이다. 문제는 학생들이 공부에 몰입하지 못한다는 것이다. 요즘 대학생 중에 특히 대학 1~2학년 중에 수업 내용에 대해 예습과 복습을 꼼꼼히 하는 학생은 그리 많지 않다. 수업 시간에 집중을 하지 못하는 경우도 예전에 비해 상당히 많이 늘었다. 강의 시간에 또는 강의 전후에 질문을 하는 학생들의 수도 많이 줄어들었다. 그런데 학생들이 게임을 할 때 보면 몰입의 정도가 상당하다. 모르면 친구에게 물어가면서까지 열심히 한다. 그런 것을 보면 학생들의 집중도가 과거에 비해 그렇게 떨어진 것도 아닌 듯싶다. 무엇이 문제일까?

원래 옛날에 교육은 엄격해야 한다고 생각했었다. 김홍도의 풍속화첩에 들어있는 〈서당〉이라는 그림을 보게 되면 회초리로 맞은 듯, 눈물을 훔치는 아이의 모습이 보인다. 옛날에는 일상적인 풍경이었을 것이다. 배워야 할 내용이 분명했기에 그 지식을 암기해야 했던 시대에는 당연한 일이었다고 볼 수 있다. 그리고 훈장 선생님의 지식을 아이들이 따라가지 못했을 그런 시대에는 훈장의 권위가 대단했으리라.

또 총명(聰明)이라는 말이 있다. 총(聰)은 '귀 밝을 총'자고 명(明)은 '밝을 명'자이다. 이때는 눈이 밝다는 말이다. 즉 총명이라는 말은 귀 밝고 눈 밝은 것을 뜻한다. 귀 밝고 눈 밝은 사람이 다른 사람보다 더 많은 정보를 갖게 되었을 것이니, 그에서 유래되었다고도 볼 수 있다. 그런데 시대가 변했다. 요즘은 인터넷을 통해 전 세계가 소통되는 그런 세상이 되었다. 그렇듯이 이제 더 이상 지식은 선생님들의 전유물이 아니다. 경우에 따라서는 아이들이 선생님들보다 더 많은 지식을 갖게 된 그런 시대에 우리는 살고 있다. 교수들이 강의실에서 하는 강의 내용도 인터넷을 검색하면 아주 자세하게 찾아볼 수가 있다. 그런데 과거의 교육방식만을 고집하는 것은 시대의 변화를 외면하는 것이다. 물론 교수자들의 역할이 지식을 단지 지식으로 전달하는 것만이 아니라 그 지식이 우리 사회 속에서 어떻게 유용하게 쓰일 것인지 하는 배려의 배경 속에서 가르쳐지지만 그것이 강의를 통해서 전달되는 것은 효용성이 떨어지고 있다고 생각한다.

요즘 뒤집힌 교육(Flipped Learning)이라는 교육 혁신을 우리나라 몇 대학에서 시행하고 있다. 과거에 강의실에서 강의하던 내용은 강의 전에 학생들에게 주어 미리 스스로 학습하고 들어오게 하고 강의 시간에는 응용문제를 흥미 있게 제시하여 학생들이 미리 학습한 내용을 바탕으로 팀을 이루어 학생들이 함께 풀도록 함으로써 소통을 통하여 자신들의 역량을 스스로 키울 수 있게 하는 교육 방식이다. 이러한 방식은 교육상 몇 가지 장점이 있다. 우선 학생들이 서로의 생각을 나누어 교감을 할 수 있는 소통 능력을 키워준다는 것이고, 주어진 문제를 스스로 풀 수 있는 자기주도성을 키워준다는 점이다. 학생들이 신나서 함께 토론하며 스스로 역량을 쌓아가는 것이다. 이 교육의 성패는 학생들이 예습할 내용과 강의를 교수자가 얼마나 잘 설계하느냐에 있으며, 또한 학생들이 미리 얼마나 예습을 철저히 해 오느냐에 달려 있다. 필자가 속한 대학에서도 이런 교육을 시도하고 있다.

이런 교육을 하면서 한 가지 아쉬운 점이 있다. 철저하게 설계된 계획에 의해 수업이 진행됨으로써 수업 시간에 학생들과 정서적인 교감을 할 수 있는 기회가 적다는 것이다.

나의 대학시절이 생각난다. 나중에 내가 지도교수님으로 모셨던 C 교수님의 강의를 처음 듣게 되었는데, 그 분의 명쾌한 논리와 열정적인 강의는 나에겐 하나의 감동이었고 하나의 자장(磁場)이었다. 그분의 강의를 들을수록 그 자장 속으로 점점 더 깊이 들어가 결국에는 그 어렵다던 고전문학을 전공하기에 이르렀다. 나는 강단에 서면서 그분 같은 스승이 되기를 꿈꾸며 강의에 열정을 쏟았다.

나에게 바람이 있다면 이러한 잘 설계된 교육 속에 과거 필자가 은사에서 받았던 그런 정서적 교감을 잘 녹여 넣는 것이다.

(2014. 1. 23. ≪중도일보≫ 〈중도춘추〉)

희망을 주는 교육

이제 대학들의 입학 시즌이다. 많은 대학에서 신입생들이 새로운 생활을 시작한다. 흔히 지독한 스트레스를 받는 입시지옥이라는 고3 생활을 벗어나 대학이라는 새로운 생활을 시작하는 신입생들의 마음은 남다를 것이다. 흔히 대학은 자유의 공간이고 그 생활은 자유의 시간이라는 느낌을 갖고 있지만 신입생들의 마음은 그리 가쁜하지만은 않을 듯하다.

좋은 직장에 취업해야 한다는 마음이 그들의 어깨를 내리누르고 있을 것이기 때문이다. 요즘 대학을 선택하는 중요한 기준 중 하나가 바로 취업이다. 적지 않은 학부모들은 대학을 선택할 때 이 점을 중시한다. 자신들의 아이들을 초등학교 아니 유치원에 넣을 때부터 이 취업이라는 목표를 설정하고 있지 않나 하는 생각이 들 정도다. 요즘같이 취업이 힘든 때 이러한 모습은 매우 당연하게 여겨질 수 있다. 그러기에 학생들은 시험 성적이 개인의 존재 가치로 매겨지는 사회 분위기 속에서 오랜 시간 자유롭지 못한 생활을 해왔던 것이다.

사회적으로 학생들의 개성과 적성에 맞는 교육을 해

야 한다는 목소리가 높아졌고, 교육 일선에서 이런 방향으로 교육과정이 바뀌고 있지만 실제 학생들은 실감을 잘 못하고 있다. 대학 입시에서 자유로울 수 없기 때문이다. 성적 올리기에 집중하느라 자신이 하고 싶은 일을 억제했던 학생들이 대학에 들어왔다고 해서 그것을 금방 실현할 수 있는 것은 아니다. 습관은 관성을 가지고 있다. 학생들의 억눌린 마음을 풀어주고 그들이 자신의 소질과 가능성을 찾을 수 있도록 도와주는 일도 이제는 대학이 떠맡았다고 볼 수 있다.

중국 춘추시대 초기의 정치가요 사상가인 관중(管仲)은 인재 양성의 중요성을 설파했다. "십년의 계책으론 나무를 심는 것만 한 것이 없고, 일생의 계책으론 사람을 키우는 것만 한 것이 없다. 한 번 심어서 한 번 거두는 것은 곡식이고, 한 번 심어서 열 번을 거두는 것은 나무이며, 한 번 심어서 백번을 거두는 것은 사람이다. (十年之計, 莫如樹木. 終身之計, 莫如樹人. 一樹一穫者 穀也. 一樹十穫者 木也. 一樹百穫者 人也.)" 이 말에서 "교육은 국가의 백년지대계(百年之大計)다."라는 말이 회자되고 있는 듯하다. 이렇듯 국가가 필요로 하는 인재를 양성하는 계획은 백년 앞의 미래를 내다보고 그 변화를 예측해서 계획을 세워야 한다는 말이니, 여기에는 세상을 관찰하는 안목과 신중함이 요구된다 하겠다. 그러한 계획 속에서 현재의 인재를 양성할 목표가 정해지는 것이고 그것을 달성할 방법을 강구하게 되는 것이다. 우리는 현재 그리고 미래에 어떤 인재를 필요로 하는가? 그래서 "무엇을 어떻게 가르칠 것인가?" 이 말은 시대를 초월하여 되풀이 돼온 질문이다.

지금의 입시만능주의는 우리들의 아이들에게 지식 이외의 모든 것에 대한 희생을 강요하고 있다. 집안에서의 관계, 친구와의 관계, 이웃과의 관계에 대하여 그 '관계 맺기'에 낯설게 만들고 있는 것이다. 심지어 실제 하지도 않은 봉사활동도 서류상 한 것으로 만들어 버리는 그런 현실이다. 그리고 낯선 관계 속에서 아이들은 계속 혼자만의 세계 속으로 빠져들고 있다. 부모에게 효도하는 마음, 이웃 어른을 공경하는 마음, 자신의 처신을 조심하고 믿음을 갖게 하는 행동 등에 익숙하지 않게 되는 것이다. 이 익숙하지 않은 마음과 행동을 학생들이 지니고 하기를 바라는 것, 그들이 배운 지식을 사회를 위해서 베풀기를 바라는 것은 너무나 지나친 요구일 것이다.

현재 대학은 특히 많은 지방대학은 생존의 어려움을 겪고 있다. 그러나 그 어려움 속에 있다 하더라도 대학은 이들이 정녕 다른 이들과 올바른 관계를 맺으며 자신의 소질과 가능성을 찾아 자신의 인생의 목표를 정하고 준비하는 그런 곳이 되어야 한다. 물론 이들이 평생 경쟁을 피할 수는 없지만, 진정 타인을 배려하면서 자신이 하고 싶은 일을 할 수 있도록 희망을 주는 교육을 시행해야 한다. 인간미 넘치는 전문가가 되도록 말이다. 그것이 학생과 대학이 공생하는 길이 아닐까 생각한다.

(2014. 3. 6. ≪중도일보≫ 〈중도춘추〉)

융합형 인재를 위한 교육

얼마 전부터 우리 사회는 융합이 화두가 되어왔다. 암을 진단하는 속옷이 나오고, 운동량을 측정해서 알려주는 팔찌나 목걸이가 만들어졌으며, 우유의 상태를 측정하여 사용자에게 알려주는 용기가 개발되는 등 인지상품이 등장하면서 우리의 관심을 끌고 있다. 나아가 앞으로 커넥티드카(인터넷제어자동차)가 등장하여 우리 생활을 더욱 편리하게 해줄 것이라는 전망도 나오고 있으며, 이러한 융합기술시장이 머지않은 미래에 국가의 중요한 성장동력이 되리라고 이 방면의 전문가들이 예측하고 있다.

이러한 융합적 시도들은 다양한 분야에서 시도되고 있으니, 작년에 국내 연구진이 생명과학에서 쓰는 연구방법을 경제학에 적용해 국가 간 경제적 영향력을 분석하는 기술을 개발해 화제가 되기도 했으며, IT기술을 의학과 융합하여 컴퓨터 가상공간에 재현된 일종의 사이버 인간을 통해 심혈관 관련 질병을 치료하는 방법을 연구하기도 하고 있다. 많은 분야에서 다양한 융합적 시도들이 진행되고 있으며, 나름 많은 성과를 내고 있기도 하다. 이러한 융합기술에 집중하는 이유는 당연히 차별화된 가치를 창출하기 위해서이다. 세계화가 되면서 자의든 타의든 우리는 무한경쟁시대에 살게 되었고 이러한 시대에 생존하기 위해서는 남과 다른 가치를 만들어내야 한다.

오늘날 교육은 백년 앞을 내다보고 계획을 세워야 한다는 옛말이 무색할 정도로 사회의 변화를 따라가기에도 급급해하는 상황인 듯하다. 미국은 국가경쟁력을 높이기 위해 융합인재교육의 필요성을 인식했고, 그 결과 과학(Science), 기술(Technology), 공학(Engeneering), 수학(Mathmatics)을 접목한 '스템(STEM) 교육'을 적극 시행해 수학과 과학교육에 획기적인 투자를 하기 시작했다. 우리나라에서는 이 '스템(STEM)'에 예술(Arts)를 더해 초중고교에서 '스팀(STEAM)'교육을 시행하고 있다. 이는 과학기술에 감성을 더해 기술과 삶이 상호 연계되어 있다는 인식에서 출발하는 것으로, '스팀'에서 말하는 '융합적 소양(STEAM Literacy)'은 '다양한 지식을 활용해 복합적인 문제까지도 해결할 수 있는 능력'을 의미한다고 한다.

우리나라 대학에서도 10여 년 전부터 융합교육에 대한 관심을 갖고 일부 대학교에서 그 시도들을 해오고 있다. 학제 간 융합, 학문 내, 학문 간 융합, 기술 융합 등 다양한 방면에서 융합을 시도하고 있으며, 그 교육방법을 함께 고민하고 있다. 이러한 인재를 양성하기 위해서는 대학이 우선 실질적으로 학문 간 경계를 낮추고 서로 소통을 해야 하고, 실제적으로 현실에서 부딪히는 문제들에 대한 진지한 접근을 해야 한다. 그리고 강의실에서도 학생들이 자기 주도적으로 문제를 해결할 수 있는 여건을 만들어주고 그러한 방향으로 이끌어 주어야 한다. 대학에서는 그 한 방법으로 산학연계를 추진하기도 한다. 대학이 산업체와 협력하여 산업 현장에서 필요로 하는 복잡한 문제들을 해결할 수 있는 실질적인 역량을 학생들에게 키워줌으로써 문제해결을 통해 학생들의 융합적 역량을 키워주기도 한다.

이러한 융합형 인재를 양성하기 위한 융합적 사고를 하는 데 인문학이 필요하다고 생각한다. 요즘 우리 사회에서 인문학 열풍이 불고 있지만 무조건 인문학 관련 책을 읽는다고 인문소양이 늘어나는 것은 아니다. 인문학은 나의 삶과 우리가 살고 있는 이 세상을 성찰하여 삶의 진정한 의미를 추구하는 학문이다. 논리적 사고와 감성적 사고를 동시에 가능케 하는 것이 인문학이다. 그러므로 인문학을 공부하다 보면 생각을 많이 하게 되고, 세상과 정서적 소통을 자연스럽게 하게 되어, 그 성과가 어느 정도 쌓이면 모든 현상과 그 현상의 이면을 꿰뚫어 보는 안목이 생기게 된다. 이것은 여러 학문적 특징을 파악하여 새롭게 융합할 수 있는 근본적인 힘이 되는 것이다. 그러나 인문학을 한 후에 다른 전공을 해야 한다고 말하는 것은 아니다. 그럴 수도 있지만 인문학과 각각의 전공을 함께 공부하는 게 더 유익할 것이다. 어쨌든 미래사회가 필요로 하는 융합형 인재가 되기 위해서는 기본적으로 인문소양을 갖추어야 할 것이다.

(2014. 4. 10. ≪중도일보≫ 〈중도춘추〉)

우리의 삶과 교육의 역할

 교육이란 무엇인가? 교육은 한 사회 또는 국가 안에서 개인에게 필요한 지식, 기능, 태도 등을 올바른 방향으로 가르치고 배우는 활동이라고 할 수 있다. 개인은 그 교육을 통해 성장하고 발전하여 자신이 속한 사회, 국가 안에서 자신의 삶을 유지하면서 자신의 행복을 추구한다. 게다가 교육은 개인의 삶의 질을 높여주는 역할도 한다.

 경제협력개발기구(OECD)가 2013년에 발표한 '교육지표(Education At a GlanceEAG) 조사 결과'를 보면 우리나라 고등학교 이상 교육 이수율은 OECD 국가 중 최고를 기록할 정도로 우리나라의 교육열은 매우 높다. 이것이 우리나라 경제 성장의 원동력이 됐다. 그러면 우리나라의 교육열이 높은 만큼 우리의 삶의 질도 높은가? 아쉽게도 아니다. 2010~2012년 '세계 가치관 조사(World Values Survey)'에서 집계한 자료에 의하면, 한국의 경우 삶의 만족도는 이때 조사한 34개국 중 28위이고, 행복도 역시 34개국 중 20위를 기록해 하위권에 머물고 있는데, 경제발전 정도를 감안하면 한국인의

'행복 지수'는 1인당 국내총생산(GDP)이 우리나라의 절반에도 못 미치는 남아프리카공화국, 터키, 페루 등과 비슷한 수준이라고 한다.

삶의 희망이 없다고 느낄 때 사람들은 그 한 극단적인 방법으로 자살을 선택한다. 불행하게도 우리나라의 자살률은 매우 높다. 우리나라 자살률은 OECD 국가 중 9년 연속 1위를 차지하고 있으며, 모든 연령층에서 높게 나타나고 있지만 특히 청소년 및 노인 자살률이 급증하고 있다고 한다. 2010년 목숨을 잃은 15~19세 청소년의 31.9%가 자살이며, 자살을 생각하는 청소년들 중 35.1%가 학업성적 때문이라고 한다. 그리고 2011년 기준 한국의 노인 자살률은 2010년 기준 인구 10만 명당 80.3명으로 OECD국가에서 가장 높은 수준인데, 이는 일본, 스웨덴, 프랑스 등에 비해 약 3배 정도 높은 수치로, 그 주된 이유는 건강문제가 가장 높고, 경제적 어려움이 그 뒤를 따른다.

이에 대해 일부 시에서는 자체적인 노력을 기울여 자살률을 낮추고 있으나, 어쨌든 우리나라 인구의 전 연령대에서 삶의 희망이 없다고 느끼는 사람들이 많다는 것은 사회적으로 큰 문제가 아닐 수 없다. 그만큼 사회의 건전성이 떨어지는 것이기 때문이다. 그 이유는 무엇이고 근본적인 대책은 무엇일까?

우선 이에는 여러 가지 많은 이유가 있겠지만 그 중 가장 큰 것은 끊임없이 경쟁해야 하는 사회적 환경의 영향이 크다고 본다. 초·중·고에서 학생들의 개성과 적성에 맞는 교육을 하려고 노력하고 있음에도 불구하고, 근본적으로 대학 입시제도의 영향하에서 학생들이나 학교가 자유로울 수 없으며, 대학들이 학생의 적성에 따른 선발 방식의 비중을 높이고 있지만 여전히 성적이 그 결과를 판가름하고 있는 현실이다. 대학에 들어와서도 학생들은 취업난을 뚫기 위해 나름대로의 스펙을 쌓아야 하고 취업 공부를 하는 등 끊임없이 자기계발을 해야 하는 상황에 놓이게 된다. 또한 취업을 하더라도 많은 학생들은 비정규직에서 불안한 직장생활을 하고 있다. 이러한 각박한 현실 속에서 공동체 의식은 희박해지고 경쟁 속에서 살아남기 위한 개인주의가 기승을 부리게 된다. 지금 전국의 대학과 고등학교가 서열화되어 있으며, 수도권과 지방이 나뉘어지고 또 수도권은 수도권대로, 지방은 지방대로 그 순위를 매기고 있다. 경쟁만 있고 공존하고자 하는 의식은 희박하다. 흔히 정글의 법칙만이 존재하는 듯하다. 이러한 현상은 초등학교 입학 전부터 타인을 배려하지 못하고 나만을 소중히 여기도록 습관화되어 온 것이 그 한 이유일 것이다.

여기에 교육이, 특히 대학이 할 수 있는 역할은 무엇인가? 여기서 한 가지 물음을 던져본다. '세계제일주의'만이 우리의 행복을 보장해 주고 우리의 삶의 질을 높여주는 것인가? 발전의 속도를 조금 늦추고 삶의 질을 어느 정도 높이는 것은 정녕 불가능한 일인가? 그렇지 않을 것이다. 우리의 미풍양속 중에는 공동체 생활을 일상화해온 전통이 있다. 우리 사회가 양심에 따르고, 기본에 충실하도록 하는 것, 그것은 교육으로써만이 가능한 일이다.

(2014. 5. 29. ≪중도일보≫ 〈중도춘추〉)

독서와 삶의 가치

 우리나라 대학생들이 독서를 적게 한다는 것은 어제 오늘의 이야기가 아니다. 특히 IT 기술의 발달로 학생들이 이런 기기의 사용에 친숙화되면서 더욱 책을 멀리하고 있는 듯하다. 그러나 아무리 IT 분야가 발전을 거듭한다고 해도 독서의 중요성이 낮아지는 것은 아니며, 오히려 더욱 높아질 것으로 생각한다.
 마이크로 소프트사를 세운 빌 게이츠는 "오늘날의 나를 만들어 준 것은 조국도 아니고 어머니도 아니었다. 단지 내가 태어난 작은 마을의 초라한 도서관이었다."라고 말한 바 있으며, 또한 애플을 세운 스티브 잡스도 많은 양의 책을 읽는데 특히 셰익스피어 문학으로부터 새로운 영감을 얻는다고 한다. 이렇듯 오늘날 IT 분야를 이끌어가는 세계적인 리더들이 책의 가치를 중시하고 있고, 책으로부터 중요한 아이디어를 얻고 있다.
 "하루라도 책을 읽지 않으면 입안에 가시가 돋는다."는 말이 있다. 일제 식민지시대를 살며 조국의 광복을 위해 자신을 희생했던 안중근 의사가 언급함으로써 세상에 더욱 널리 알려진 이 말은 안중근 의사의 독서에 대한 열정을 알 수 있게 한다. 조국 광복을 위한 지혜를 책 속에서 구했는지도 모르겠다.

독서는 우리의 생각을 넓고 깊게 만들어주고, 올바른 가치관과 인생관을 갖도록 하며, 또한 우리에게 무한한 상상과 창조의 힘을 갖게 한다. 이렇듯 독서로부터 얻게 된 자신과 세상을 성찰하고 이해하는 안목은 정보화 사회에서 더욱 필요하다. 정보의 홍수 속에서 자신이 필요로 하는 정보를 효과적으로 얻고 활용하기 위해서는 그 정보의 가치를 판단하는 그 안목이 필요하기 때문이다.

그러므로 국가에서도 문제의 심각성을 인식하고 독서에 관한 법률을 세성하여 시행하고 있으니, 2006년 12월 28일에 공포되고, 2007년 4월 5일부터 시행되어 온 독서문화진흥법이 그것이다. 이 법은 독서 문화의 진흥에 관한 기본적 사항을 규정하여 국민의 지적 능력을 향상하고 건전한 정서를 함양하며 평생교육의 바탕을 마련함으로써, 국가 경쟁력을 강화하고 국민의 균등한 독서 활동 기회를 보장하며 삶의 질을 개선하는 데 이바지함을 그 목적으로 한다.

이 법에 따라 독서문화진흥기본계획을 2009년부터 5년마다 수립하여 시행하게 되었는데, 문화체육관광부가 발표한 이번 2차 계획(2014~2018)은 지난 1차 계획(2009~2013)의 성과를 분석한 것을 바탕으로 관계 전문가들의 다양한 의견을 수렴하여 만들었다고 한다.

최근 우리 국민의 하루 평균 매체 이용 시간은 인터넷 2.3시간, 스마트폰 1.6시간인 데 비해, 독서 시간은 평일 26분, 주말 30분에 불과한 것으로 나타남에 따라 이번 계획은 독서 환경 변화에 적극적으로 대응하여 책 읽는 사회 기반을 만드는 데 중점을 두었다고 한다.

그리고 올 초 문화체육관광부는 '2013년 국민 독서실태조사' 결과를 발표하였는데, 이 조사는 전국의 만 18세 이상 남녀 성인 2천 명과 초·중·고 학생 3천 명을 대상으로 지난 1년간의 독서활동(교과서, 학습참고서, 수험서, 만화, 잡지 등은 제외)을 조사한 것이다. 이 조사는 2011년부터 격년으로 진행해 오는 것으로 성인의 연평균 독서율은 71.4%로, 2011년의 66.8%보다 4.6% 증가했고, 학생의 연평균 독서율도 96.0%로 2011년의 83.8%보다 12.2%로 증가한 것으로 나타났다. 연평균 독서량은 성인의 경우 9.2권으로 2011년에 비해 0.7권 감소한 반면, 학생의 경우는 32.3권으로 2011년 대비 8권 증가한 것으로 나타났다.

이러한 결과는 2012 독서의 해 운영, 독서 캠페인 전개, 지방자치단체의 '책 읽는 도시' 사업 추진 등 각종 독서 시책, 그리고 학생을 대상으로 한 주 5일 수업제, 사제동행 독서활동, 독서 동아리 활동 시행이 영향을 준 것으로 분석되었다. 위와 같은 독서율은 여전히 OECD 국가들 중에서는 하위에 위치하는 것이지만 유럽연합(EU) 평균 독서율과 비슷한 것으로 독서지표의

점진적 개선 가능성을 보여준 것으로 인지되었다. 이러한 정책이 자리를 잘 잡아 우리 국민 모두가 독서에 친숙해졌으면 하는 바람이다.

(2014. 7. 3. ≪중도일보≫ 〈중도춘추〉)

왕따 문화

 요즈음 육군 윤모 일병의 사망을 놓고 세간이 어수선하다. 국가를 지키러 군대에 들어간 아들이 그 동료들로부터 왕따를 당하고 폭력에 시달리다 세상을 달리했으니, 그 부모의 심정이야 오죽하랴. 또한 앞으로 군대에 들어갈 청년들이나, 자신의 아들을 군대로 보내야 하는 부모들 마음도 편치 않을 것이다.

 그런데 왕따와 폭력이 어우러져 사망에 이른 이 사건을 두고 학교에서의 왕따, 폭력과 닮았다고 하는 시선이 있다. 집단 내에서 다수가 특정인을 대상으로 위해를 가하는 집단따돌림인 왕따는 1990년대에 이르러 사회문제화됨으로써 크게 부각이 되었는데, 현재까지도 괴롭힘을 당하는 학생들이 자살을 하는 등 우리 사회의 큰 문제가 되고 있다.

 학교에서 왕따 문화가 생기는 원인으로는 학교에서나 가정에서나 자신의 마음을 터놓을 대상이 없다는 점, 타인의 고통이나 어려움에 공감하는 환경이 조성되지 않은 점 등과 심리적으로 가해자들의 경우 집단적으로 행동함으로써 심리적인 부담감이 감소한다는 점, 동료 학생을 괴롭히고 폭행하는 자신들의 행위를 피해학생에게 문제가 있는 것이라고 정당화한다는 점, 또는 자신들이 속한 집단의 응집력을 강화하기 위한 수단으로 생각한다는 점, 교육 경쟁에서 밀려난 학생들이 인정받고 싶은 변질된 욕구를 표출한다는 점 등을 꼽고 있다.

우리 학생들은 중학교 때부터 끝임 없이 경쟁을 하면서 생활을 하고 있다. 성적을 잘 받기 위해 모든 노력을 쏟고 있고, 그렇기에 좋은 성적이 최고로 인식되는 그런 환경 속에서 오랜 기간 생활을 해오고 있다. 성적을 잘 받는 학생은 그 학생대로, 성적을 못 받는 학생은 또 그 학생대로 스트레스를 받으며 생활을 하고 있는 것이다.

혈기 왕성한 나이에 공부에만 매달려 스트레스를 받고 생활하니 이들의 정서가 정상적일 것이라고 생각하는 것이 오히려 이상한 일이다. 심지어 주변이 아파트로 둘러싸인 어느 고등학교에서는 체육시간에 학생들을 운동장에 내보내 운동을 시키려고 하면 집에서 지켜보고 있다가 학부모가 학교에 전화를 걸어 문제를 제기하기에 아예 운동장에서 체육활동을 안한다는 말도 들은 적이 있다.

학교에서나 가정에서나 오직 성적을 올리기에 여념이 없고 대화도 주로 공부에 대한 것에 국한되다 보니, 학생들은 자신들의 정서 생활을 제대로 할 엄두를 내지 못하고 있는 것이며, 어쩌면 그 방법조차도 모르고 있을게다. 그나마 이러한 환경을 잘 참고 견디는 학생들은 그 성취감으로 무난하게 졸업을 하겠지만, 그렇지 못한 학생은 자신의 스트레스를 풀 수 있는 방법을 찾게 될 텐데, 그 한 가지가 왕따라고 생각한다.

경쟁에 익숙한 학생들은 신체적, 정신적으로 약하거나 장애를 가진 동료 학생들을 대상으로 왕따를 시키고 나아가 폭력을 행사하며 괴롭힘으로써 자신들의 스트레스를 풀고 만족감을 느낄 것이다. 그런데 학교에서 동료 학생을 왕따시키며 폭력을 행사하는 학생들 중에는 상당수 가정에서 그와 같은 환경에 노출된 경우가 많다는 국내외의 연구가 있다. 부모로부터 받은 신체적 체벌이나 욕설 등이 동료 학생들에게 전이된다는 것이다.

이렇게 보면 또 문제의 원인은 가정으로 돌아가는 것 같다. 부모가 보여주는 모습이 자녀에게 큰 영향을 준다는 것은 자명한 일이다. 그런데 오늘날 가정의 형태는 예전처럼 단순하지 않고 매우 복잡하다. 한쪽 부모만 계신 경우, 소년소녀가장인 경우, 부모가 이혼하여 재혼한 경우, 부모가 없고 조부모나 친척 밑에서 지내는 경우 등 매우 다양하고, 또한 부모들이 모두 일을 하는 경우도 많다. 그러므로 자녀 교육의 문제를 가정에서 충실히 하기가 어려운 경우가 많은 것이다.

그러므로 학생들에 대한 교육은 가정과 학교 그리고 사회에서 함께 관심을 갖고 소통하며 체계적으로 해나가야 할 일이다. 그리고 요즘 고등학교 중에는 많지는 않지만 학생들의 성적뿐만 아니라 인성과 개성을 중시해서 그에 관한 좋은 프로그램을 돌리는 학교들이 있다. 성적을 우선시하는 풍토를 일순간에 바꾸어 인성과 개성을 중시하는 교육을 전면적으로 시행할 수는 없을 것이다.

그러나 위의 고등학교들처럼 차츰 그 프로그램 수와 시간을 늘려 나가면서 방법을 모색하면 그 해결책이 나오지 않을까 생각한다. 자아정체성이 확실하지 않은 청소년들의 경우 주변의 유혹에 쉽게 넘어갈 수 있으므로 학생들의 환경을 좋게 만들어 주고, 아울러 학생들 스스로 좋은 풍토를 만들어갈 수 있도록 프로그램을 만들어 노력한다면 그 첫 발을 잘 내딛는 것이라 생각한다.

(2014. 8. 14. ≪중도일보≫ 〈중도춘추〉)

정상적인 학교 교육

올 3월에 '공교육 정상화 촉진 및 선행교육 규제에 관한 특별법'이 법률로 제정이 되고 이 특별법의 '시행령'이 대통령령으로 제정되어 9월 12일부터 시행되고 있다. 이 법은 일명 선행학습금지법으로 불리는데, '초·중등교육법'에 근거하여 국가, 시·도 및 단위학교에서 정해진 교육과정을 앞서서 편성 또는 제공하지 못하게 하고, 또 정해진 교과 진도를 앞서서 가르치지 못하게 하는 것을 목적으로 한다.

각종 학교에서 이것을 어길 경우, 학교운영경비 감축과 일정 규모의 모집정지를 당하는 규제를 받게 된다. 우리나라의 공교육이 무너지고 있다는 목소리가 높아지고 있는 가운데 나온 조치라 공교육 정상화에 대한 기대가 크다. 이 법으로 인해 각종 선행학습이 규제를 받게 되었으니, 입학이 예정된 학생을 대상으로 입학 전에 해당 학교의 교육과정을 사실상 운영하는 행위나 해당 학교 입학 단계 이전 교육과정의 범위와 수준을 벗어난 내용을 출제하여 평가하는 행위 등을 하지 못하게 됐다.

구체적으로 보면, 지필평가, 수행평가 등 학교시험과 각종 교내 대회에서 학생들이 배운 학교교육과정의 범위와 수준을 벗어난 내용을 출제하여 평가한 경우, 입학이 예정된 학생을 대상으로 입학 전에 해당 학교의 교육과정을 사실상 운영한 경우와 해당 학교 입학 단계 이전 교육 과정의 범위와 수준을 벗어난 내용을 출제하여 평가한 경우에 모두 제재를 받게 되었으며, 대학 등도 논술 등 필답고사, 면접·구술고사, 신체검사, 실기·실험고사 및 교직적성·인성검사 등 대학별고사를 실시할 때 고등학교 교육과정의 범위와 수준을 벗어난 내용을 출제 또는 평가한 경우에 역시 일정 규모의 모집을 정지당하는 조치를 받게 된다.

그런데 이 법이 학교 교육을 정상적으로 만들 것이라는 것에 대해 의문을 제기하는 목소리들이 있다. 우선 이 법을 어길 경우에 대한 처벌이 공교육에만 적용되고 사교육 업체에는 적용이 어려워 이들의 선행학습을 막을 수 없다는 우려가 있다. 원래 이 법이 2013년에 '선행교육 규제에 관한 특별법안'으로 국회에서 발의될 때는 유치원, 초등학교, 중학교, 고등학교 그리고 대학에서 이루어지는 공교육뿐만 아니라 학원, 교습소, 그리고 개인과외교습자 등에서 이루어지는 사교육도 포함되어 있었다.

그러나 정작 시행령에는 이들 사교육에 대한 제재 부분이 빠져버림으로써 선행학습이 사교육에서 더 극성

스럽게 이루어질 가능성이 높아졌으며, 이는 곧 공교육의 부실로 이어지지 않을까 하는 생각으로 이어진다. 이 법을 발의한 원래 취지와는 다른 길로 갈지 모른다는 우려가 드는 이유이다. 두 번째는 현행 고등학교 교육과정이 수능과 연계되어 있지 않다는 점이다.

현행 고등학교 교육과정은 3학년 말까지 진도를 나가는 것으로 하여 마련되어 있으나, 실제 많은 고등학교에서는 3학년 1학기까지 진도를 마치고 3학년 2학기에는 11월에 치르는 수능을 대비해서 문제풀이를 해주고 있는데, 이 법을 따를 경우 학생들에게 수능 대비 문제풀이를 해줄 수 없어 결국 학생들은 사교육 시장으로 갈 수밖에 없다는 생각이다. 그나마 교육과정 편성에 상당한 자율성을 갖고 있는 특목고나 자사고, 자공고 등은 자율성을 통해 국어, 영어, 수학에 대한 충분한 시수를 확보하고 있어 합법적으로 진도를 나가면서 수능 준비를 제대로 할 수 있지만 일반고는 그것이 어렵다는 지적도 있다.

이렇듯 이 법이 실효를 거두기 위해서는 이와 같은 우려들을 불식시키는 방안들을 빠른 시일 내에 제시하여 시행해야 한다. 선행학습을 금지하는 이 법만으로 공교육을 정상으로 돌리기에는 무리가 있을 수도 있지만 이것은 그 첫 걸음이라고 생각한다. 더군다나 이 법을 통해 "국어 사용을 촉진하고 국어의 발전과 보전의 기반을 마련하여 국민의 창조적 사고력의 증진을 도모

함으로써 국민의 문화적 삶의 질을 향상하고 민족문화의 발전에 이바지함을 목적으로 한다."는 '국어기본법'의 목적을 달성하고자 한다고 하니, 이 법을 기점으로 해서 학교 교육이 정상화되어, 다른 것은 차치하고라도 우선 우리 학생들이 '문화적 삶의 질'을 향상시킬 수 있는 여건이 마련되기를 간절히 바란다.

(2014. 9. 25. ≪중도일보≫ 〈중도춘추〉)

교육 혁명

올 2월에 교육부는 한국형 무크(K-MOOC)를 본격적으로 추진하기 시작했다. 이것은 국가 주도 무크 플랫폼으로 4년 예정으로 진행되며, 대학 강의와 평생학습을 함께 제공하는 형태로 진행될 예정이라고 한다. 방송통신기술의 발달로 인터넷이 전 세계를 연결해주어 인류의 삶의 형태를 급진적으로 크게 바꾸어가고 있는데, 이것으로 인해 교육도 최근에 큰 변화를 맞이하고 있다. 대규모 공개 온라인 강좌인 무크(MOOK: Massive Open Online Courses)가 등장해 스탠퍼드대, 매사추세츠공과대학(MIT), 하버드대 등의 강의를 내가 거주하는 곳에서 언제든지 들을 수가 있게 되었다. 가히 교육의 혁명이라 할 수 있다. 이러한 세계적인 추세에 우리나라도 동참하고자 하는 것이다.

무크는 웹 서비스를 기반으로 전 세계의 사용자들이 상호 참여하여 교류하는 대단위 교육 서비스다. 세계 3대 무크로 미국에서 만들어진 유다시티(Udacity), 코세라(Coursera), 에드엑스(edX)가 있으며, 영국도 퓨처런(Futurelearn)으로 이 대열에 참여하고 있다. 유다시티는 2011년에, 코세라와 에드엑스는 2012년에, 퓨처런은 2013년에 설립해 전 세계 대학과의 협력을 통해 전 세계를 대상으로 우수한 강의를 제공하고 있으며, 그 수강생은 역시 전 세계적으로 각각 수백만 명에 이른다. 다양한 강의 분야를 제공하고 있으며, 향후 오프라인 대학들이 제공하는 전 학문 분야를 제공하게 될 수 있을 것이다.

이들은 수료증을 발급해주고 있으며, 유다시티의 경우 나노학위를 수여하기까지 하고 있다. 또한 코세라는 영어를 비롯해, 스페인어, 프랑스어 등 다양한 언어로 강의를 제공하고 있으며, 앞으로 더욱 다양화해 갈 예정이다. 이들의 큰 특징은 전 세계의 우수 강의를 언제 어디서든 들을 수 있다는 것, 수강료가 없거나 저렴하다는 것, 일반 오프라인 대학들이 제공하기 어려운 기술의 변화를 빨리 반영해 제공한다는 것, 그리고 최근에 이들 무크들이 기업과 연계해 수강생들을 취업과 연계해 준다는 것이다. 국내 대학들도 이 무크와 협력을 통해 참여하고 있다. 서울대가 에드엑스와, 연세대가 코세라, 퓨처런과 카이스트(KAIST)가 퓨처런과의 협약을 통해 이들 무크에 참여하고 있다. 지금은 참여하는 강의의 수가 적지만 앞으로 점차 상당한 폭으로 늘어날 전망이다. 또한 이들 대학들은 자체 무크 개발을 추진하고 있다. 우리 정부에서도 이런 무크의 움직임에 동참하기 위해 이번에 한국형 무크라는 자체 무크를 개발하고자 하는 것이다.

  인터넷의 발달로 맞이하게 된 교육의 이런 변화를 어떻게 받아들여야 할지를 함께 고민해야 한다. 이 무크의 등장으로 현재의 오프라인 대학이 종말을 고할 것이라는 예측이 나올 정도로 이것이 향후 교육계에 미칠 영향은 대단할 것이다. 우리나라의 경우, 출산율의 저하로 점차 학령인구가 급감하고 있고 고등학생의 대학 진학률도 점차 내려가고 있어 현재 그 자체만으로도 우리나라의 대학들은 존립의 위기를 맞고 있으며, 또한 대학 등록금이 비싸다고 정부에서는 반값 등록금을 실현시키기 위해 여러 대책을 마련하고 있다. 여기에 양질의 교육콘텐츠가 무료로 또는 저렴하게 제공된다면 우리나라의 오프라인 대학들의 입지는 더욱 좁아질 것이다. 만약에 이들 무크들이 강의를 한국어 자막이나 한국어로 제공한다면 그 충격은 더욱 클 것이다. 이들 무크의 등장이 마냥 좋은 점만 있는 것은 아니다.

  이들 교육이 인터넷을 통해 진행되기에 진정한 교육의 성과를 측정하기가 쉽지 않다는 점이 있으니, 이것은 인터넷 교육이 갖고 있는 태생적 문제이기도 하다. 그리고 보다 근본적인 문제가 있으니, 그것은 이들 무크가 미국 등 서구 중심으로 운영되기에 새로운 교육 식민주의를 몰고 올 가능성이 크다는 점이다. 서구적 사고가 은연중에 파고들 것이고, 교육이 무한경쟁의 생존주의에 빠져들 것이라는 우려다. 교육에는 지식에 대한 교육도 있지만 그 사회를 이끌어갈 지성인으로서의 인성, 덕성 교육도 그에 못지않게 중요한 것이다. 인터넷으로 하나가 된 우리는 이 무크의 흐름을 피해갈 수는 없을 것이다. 그렇다면 기존의 오프라인의 단점을 없애고 장점을 살리면서 이 무크의 장점을 잘 적용시킬 수 있는 방안을 정부와 각 대학들은 시급히 마련해야 할 것이다.

(2014. 11. 6. ≪중도일보≫ 〈중도춘추〉)

주입식 교육과 창의 교육

 창의·인성 교육의 시행은 2009년에 교육부(당시 교육과학기술부)에서 발표한 '창의·인성교육 기본방안(창의와 배려의 조화를 통한 인재육성)'에 근거한다.
 교육부는 당시에 미래 사회에는 다양한 학문과 기술들이 융합되어 새로운 지식과 가치를 창출하게 될 것으로 전망하여, 현재 교육받는 학생들이 미래에 마주치게 될 다양한 기회와 도전에 대해 준비하게 해야 한다는 생각과 그러한 학생들의 잠재력과 바람직한 가치관을 '찾고 키워주는' 교육의 핵심에 '창의성'과 '인성'이 존재한다는 인식, 그리고 국가의 경쟁력을 창의적 인재의 경쟁력으로 보아, 창의성과 인성 함양이 바람직한 교육의 차원을 넘어서 미래 사회에서 개인과 국가의 생존과 직결되는 문제라는 인식을 기반으로 하여 이러한 정책을 입안해 시행해오고 있다.
 초·중·고에는 2009년 개정 교육과정을 통해 '창의적 체험활동'을 도입하였고, 학기당 이수 교과목 수를 축소하고, 고교 교육과정을 선택중심으로 운영함으로써, 학생의 학습 부담 완화와 흥미도 제고 및 학생 수요자 중심의 자기주도적 학습을 가능하게 했으며, 자율형 공립고·사립고, 교과교실제 학교 및 과목별 중점학교 등 다양한 일반계 학교 유형을 도입해 학생들의 적성과 소질에 따른 다양한 교육과정 운영의 자율권을 부여했고, 대학에는 입학사정관제를 도입하여 교과 성적만이 아닌 학생의 창의성·인성·잠재력 등도 대학 입학을 결정하는 중요 요소로 삼게 했다.

 교육부는 미래 교육으로서의 '창의·인성' 교육의 개념과 가치를 확립하고 '창의적 체험활동 프로그램 개발·보급 체제 구축, 창의·인성교육을 담당할 교수·지원 인력 확보, 창의성과 인성을 중시하는 학교·사회 문화 조성' 등의 정부 역할을 확대하여 이 '창의·인성교육'이 유아 단계에서부터 초·중·고를 거쳐 대학에 이르기까지 일관되게 시행되도록 계획하였으며, 이러한 교육에 가정과 지역, 기업, 그리고 정부 부처가 참여하도록 함으로써 그 실천 의지를 굳게 했다.

 주입식 교육은 학생들에게 사회에서 필요로 하는 지식을 강제로 익히게 하는 것이다. 그리고 그 필요한 지식은 이미 결정된 것이기에 학생들은 거기에 이의를 제기할 수 없다. 그러기에 학생들은 수동적이 되며, 어떤 문제에 당면할 때마다 그 해결책을 스스로 마련하지 못하고 선생님에게 의존하게 된다. 사회에 나와서도 주어진 일을 충실히 할 뿐 그 외에 할 수 있는 일이라는 것이 별로 없다. 이러한 사회나 국가에서는 현명하고 강력한 리더 아래에서 구성원들이 열심히 일하면 된다.

그런데 세상은 변해가고 있다. 소통을 통해 세계가 한 지붕 아래 놓이게 되었으며, 사회는 점점 복잡해지고, 기술에 대한 집중도가 높아졌으며, 기존의 지식과 기술들이 융합을 통해 새로운 것들이 빈번하게 출현하고 있다. 그리고 그 주기가 점점 짧아지고 있다.

어느 한 리더에 의해 모든 것이 해결될 수 없는 구조가 되어버린 것이다. 이러한 시대에는 사회 또는 기업의 구성원들이 스스로 또는 협력을 통해 문제를 인지하고 그 문제에 대한 해결책을 마련해야 한다. 이를 창의적 인재라고 하며 이러한 인재는 주입식 교육으로는 절대 양성될 수 없다.

이러한 창의적 인재가 타인을 배려할 줄 아는 인성을 함께 지니도록 하는 것이 '창의·인성교육'의 목표이다. 국가의 교육에 대한 이러한 노력이 여러 가지 현실적 어려움에 당면하고 있지만, 그 목표가 올바른 만큼 문제점들을 보완해 가면서 지속돼야 할 것이다.

(2014. 12. 11. ≪중도일보≫ 〈중도춘추〉)

[강연]

가치 있는 삶

1. 삶이란 무엇인가?

얼마 전에 인간 염색체 지도를 밝히는 '인간 게놈 프로젝트'가 거의 완성되었다는 보도가 있었습니다. 이 프로젝트가 완성되면 지금까지 신의 영역으로 인식되었던 생명체의 신비가 담긴 상자의 만능키를 갖게 된다고 합니다.

이러한 보도를 접하고서 우리의 삶에 대해서 다시 한 번 생각하게 되었고, 아울러 우리가 살아가는 데 있어서 가장 소중한 것이 무엇인지를 반문하지 않을 수 없었습니다. 이것이 계기가 되어 이 문제를 인문학적 입장에서 생각해보게 되었습니다. 인문학이란 인간과 인간이 이루어 온 문화에 대하여 포괄적으로 다루는 학문입니다.

이 인간 게놈 프로젝트에 대해서는 의학을 연구하시는 분들이 더 잘 아시겠지마는 저는 이 문제를 전문적으로 깊이 있게 다루려는 것이 아니라 이 문제가 우리 인간생활에 줄 영향에 대해서 같이 생각해 보고, 궁극적으로 우리는 삶의 가치를 어디에 두어야 하는가 하는 점을 말하려고 합니다.

2. 인류의 오랜 꿈-무병장수

우리 인간은 살면서 누구나 나고 늙고 병들고 죽는 이 생로병사의 과정을 거치는데, 이 인생살이에 있어서 우리 선인들은 수복강녕(壽福康寧)을 행복으로 여겼습니다. 수복강녕이란 '오래 살고, 복을 누리고, 건강하고, 마음이 편한 것'입니다. 이 중에서 무병장수(無病長壽) 곧 병에 걸리지 않고 오래 사는 것을 큰 행복으로 여겼습니다.

중국의 진시황이 오래 살고 싶어 불로초를 얻기 위해 500명의 선남선녀와 함께 서불(徐市)이라는 사람을 동쪽으로 보냈으나, 결국 불로초를 얻지 못하고 50세의 나이로 숨을 거두었다는 것은 잘 알려진 사실입니다. 이렇듯 무병장수는 우리 인류의 오랜 꿈이라고 볼 수 있습니다.

그런데 이번 '인간 게놈 프로젝트'는 인류의 오랜 숙원 가운데 하나인 이 무병장수를 가능하게 해줄 수 있다는 큰 희망을 우리에게 안겨주고 있습니다.

'인간 게놈 프로젝트'는 우리 인간의 모든 DNA의 서열을 밝히고, 나아가 그 각각의 기능을 밝히는 것을 그 목적으로 하고 있습니다. 인간의 모든 DNA의 서열을 완전히 밝히는 작업은 2003년에 완성되고, 그 각각의 기능을 밝히는 작업은 그 후로 약 20~30년이 더 소요된다고 합니다. 그러므로 지금 당장 그 효과를 기대하기는 어려워도 멀지 않은 장래에 인류의 오랜 숙원인 이 무병장수가 가능해지리라고 봅니다.

3. 인간 게놈(genome) 프로젝트와 인간

3.1. 인간 게놈(genome) 프로젝트가 인간에게 주는 희망

이 '인간 게놈 프로젝트'가 완료가 되면, 인간의 열성 유전자를 우성유전자로 대체할 수가 있으므로 이것은 우리 인류의 삶에 커다란 한 획을 긋는 사건임에 틀림없습니다.

'인간 게놈 프로젝트'가 인류에게 주는 희망적인 모습으로는 다음의 것들이 있을 수 있습니다. 우선 각종 암과 백혈병, 에이즈와 같은 난치병과 각종 질병(특히, 유전병)을 퇴치할 수 있게 된다고 합니다. 현재 인간의 힘으로 완치가 불가능한 이러한 질병의 고통과 공포로부터 인류가 벗어난다고 하는 것은 상상할 수 없는 기쁨입니다. 이러한 난치병으로 하루하루를 고통스럽게 지내는 사람들의 힘든 삶을 생각한다면, 또 나의 의사와는 전혀 무관하게 이러한 병에 걸릴 수 있다는 가능성을 생각한다면, 인류는 삶에 있어 보다 더 행복을 영위할 수 있을 것입니다. 이러한 난치병뿐만 아니라 대

머리나 이상비만, 작은 키와 같은 외모를 조기에 치료할 수도 있을 것이고, 경찰은 범죄 현장에서 한 방울의 혈흔을 이용하여 범인을 색출해 낼 수 있을 것이며, 각 개인은 자신의 장기가 손상하였을 때를 대비하여 각 개인에게 맞는 장기를 인공적으로 만들어 놓을 수도 있고, 감기약을 지을 때조차 자신의 몸에 부작용이 없는 자신만의 약을 만들어서 복용하게 될 것이며, 장차 자신의 몸에 어떠한 병적 위험이 닥칠 것인지를 미리 알아서 이에 대비할 수도 있을 것입니다.

3.2. 인간 게놈(genome) 프로젝트가 인간에게 주는 어두움

그러나 '인간 게놈 프로젝트'는 이러한 희망만을 우리에게 주는 것은 아닙니다. 그에 못지않은 우려도 큽니다. 과학의 발전으로 인해 우리 인류의 삶은 풍성하고 윤택해진 것이 사실이지만 그에 못지않은 부담을 지고 있는 것도 사실입니다. 이러한 예는 많이 있습니다. 방사능 물질이 그 대표적인 예에 속할 것입니다. 방사성 물질은 전력을 만드는 데 이용될 뿐만 아니라 의료·공업·농업·연구용 등 우리 생활 속에서 다양하게 쓰이고 있으며 오늘날 우리 생활에 없어서는 안 될 물질입니다. 그런데 인류는 이것으로 핵폭탄을 제조하는 데 이용함으로써 인류를 핵폭탄의 공포에 몰아넣어 버렸습니다. 이것은 전혀 예상하지 못한 쓰임이었습니다. 이와 마찬가지로 인간의 무병장수의 꿈을 실현시켜줄

'인간 게놈 프로젝트'의 경우도 그 부작용을 생각하지 않을 수 없는 것입니다. 핵폭탄의 경우처럼 전혀 예상치 못했던 부작용을 얼마든지 일으킬 수 있기 때문입니다.

우리는 생명은 고귀하다고 합니다. 생명이 고귀하다고 하는 인식은 어디에서 나옵니까? 그것은 생명에 관한 것은 인간의 영역을 벗어나 있는 신의 영역이라고 믿고 있기 때문입니다. 그런데 인간의 열성 유전자를 우성 유전자로 교체할 수 있다는 것은 신의 영역에 한발짝 다가서는 일입니다. 생명 자체를 인간이 어느 정도 조절할 수 있다는 것은 생명을 고귀하게 여기는 지금까지의 인식의 정도를 떨어뜨릴 수가 있습니다. 다시 말해 인간을 오히려 불행하게 만들 수도 있다는 생각을 하게 됩니다.

얼마 전 소개되었던 '가타카(GATTACA)'라는 영화는 이러한 문제의 일면을 보여주고 있어 흥미롭습니다. 에단 호크(Ethan Hawke)와 우마 서먼(Uma Thurman)이 주연한 이 영화에서는 인간이 우성유전자만을 갖도록 인공 부화되는 사회를 보여주고 있습니다. 즉 우수한 유전자를 사서 완벽한 아이를 만드는 '인간주문생산시대'의 모습을 그리고 있습니다. 그리하여 인간의 사랑에 의해서 아이를 갖는 것이 금지되어 있고, 만일 그렇게 인간의 사랑에 의해서 태어난 사람은 그 열성유전자로 인하여 하층계급의 운명이 주어져 결코 상층계급으로 상승할 수 없게 됩니다. 새로운 계급사회가 등장하는 것입니다.

또한 유전자 정보를 미리 알고 있으므로 해서 앞으로 걸릴 병과 수명까지 내다볼 수 있는 모습도 보여주고 있습니다. 어떤 면에서는 인류의 희망을 앗아가는 측면이 있습니다.

그리고 피 한 방울, 머리 한 가닥, 피부 각질로부터 그 사람의 신상을 속속들이 파악해 내고 있습니다. 우리의 삶이 완벽한 통제 안에 갇히는 모습을 보여주고 있는 것입니다.

이 가타카란 영화는 '인간 게놈 프로젝트'가 인류에게 희망만이 아님을, 그리고 진정한 삶의 모습이 어떠한 것이라는 것을 보여주고 있습니다.

우리는 '인간 게놈 프로젝트' 이전에 벌써 우리는 유전자 변형 식품의 유해성에 대해 논란을 벌이고 있습니다. 유전자 변형 식품이란 유전자를 인위적으로 조작해 저장성이 좋거나 농약 및 병충해에 강한 특성을 갖게 하거나 품질을 향상시킨 농축산물로 만든 식품을 말합니다. 유전자 변형 식품 개발을 두고 '인간을 기아에서 해방시켜줄 신기술'이라고 일부에서는 칭송을 하였으나 그에 대한 부작용을 생각하지 않을 수 없습니다. 그것은 예상할 수 없는 새로운 종(種)이 등장해 생태계를 파괴하는 등 잠재적 위험환경에 직면할 수 있기 때문입니다.

미국에선 이미 면화의 45%, 콩의 38%, 그리고 옥수수의 25%가 유전자를 변형하여 얻고 있습니다. 앞으로 유전자 변형 식품의 비율은 더욱 높아질 것입니다. 수박만한 감자, 슈퍼 옥수수 등 유전공학은 농축산물의 수확량을 비약적으로 증대시켜나갈 것입니다.

그리고 게놈 프로젝트가 끝난 쌀의 경우 각국에서 이미 알려진 서열을 바탕으로 연구를 통해 새로운 종을 내놓았는데, 각가지 색이 있는 것은 물론이거니와 특정 영양분을 많이 공급할 수 있도록 만든 쌀도 있다고 합니다.

인간은 자연 속에서 자극과 반응의 형태로 존재해 오고 있다고 볼 수 있습니다. 우리가 오늘날 부담 없이 먹을 수 있는 식품의 경우도 그 식품을 소화해 낼 수 있도록 우리 신체가 적응을 해왔다고 볼 수 있습니다. 간단히 예를 들어, 우유의 경우 우유를 먹지 않던 성인은 우유를 소화한 효소가 분비되지 않으며 어느 일정 기간 먹어야 다시 우유를 소화할 수 있는 효소가 분비된다고 합니다. 이와 같이 우리 인간의 몸을 식품에 맞게 적응을 해왔다고 볼 수 있습니다. 그런데 지금까지 우리 신체가 접해보지 못한 인위적으로 만들어진 새로운 유전자를 함유하고 있는 식품을 섭취할 경우 전혀 예상치 못한 결과를 초래할 수도 있을 것입니다. 유전자에 대한 인류의 인위적인 조작이 생태계 속에서 어떤 반응을 나타낼지 전혀 예측할 수 없는 것입니다.

이것과는 다른 문제지만 비유를 든다면, 생명력이 있

고, 금방 성장한다고 해서 들여온 외래어종인 블루길과 배스, 그리고 일본에서 들여온 황소개구리의 경우를 생각해 볼 수 있습니다. 이들 외래종들은 우리의 예상과는 달리 우리 토종 어종들을 마구 잡아먹어 멸종 상태로까지 몰아가고 있습니다. 이렇듯 생태계는 우리의 예상대로 움직이는 것이 아닙니다.

그래도 블루길과 배스, 황소개구리의 경우는 우리가 마음만 먹으면 시간은 걸리겠지만 해결할 수 있는 문제입니다. 그런데 그것이 인간인 경우는 매우 심각해집니다. 만약 인간에 있어서 유전자 변형(또는 조작)으로 인한 시행착오를 겪게 된다면, 이 문제를 어떻게 처리할 것인지, 생각만 해도 끔찍한 일이 아닐 수 없습니다.

우리는 "과학은 자연이 어떻게 움직이는지를 이해하는 데 활용돼야지 무엇을 변화시키는 데 활용돼서는 안 된다."고 말한 영국의 찰스 황태자의 말을 되새길 필요가 있습니다.

4. 결국은 인간이다.

오늘날 많은 문제점이 있다고 해서 과학으로 인한 발전을 중지하고 다시 원시로 돌아갈 수는 없습니다. 그러므로 결국은 우리 인간이 문제가 됩니다. 늘 거듭되는 말이지만 과학의 발전을 우리 인류의 삶에 보탬이 되도록 이용할 수 있는 인성을 갖춘 사람이 되도록 노력해야 하는 것입니다. 햇빛이 강할수록 그 그늘은 그만큼 더 짙다는 말을 되새길 필요가 있습니다.

그러므로 우리는 '인간 게놈 프로젝트'를 완성하면서 다음의 문제도 함께 생각해 보아야 합니다.

첫째, 얻어지는 유전정보를 이용한 개인 자료의 철저한 보호입니다. 이는 '인간 게놈 프로젝트'에 자신의 DNA를 분석용으로 제공했던 사람뿐 아니라, 앞으로 밝혀지는 개개인의 정보로서, 개인의 신상을 위해서 반드시 보호되어야 합니다. 실제 작년 미국에서 신입사원 채용이나, 보험 가입 시 유전적으로 간암을 일으킬 요인이 많을 것이라는 것을 안 회사가 고용 및 접수를 거부한 사례도 있었습니다. 또한 개인정보나 유전정보를 상업적으로 이용할 시에는 많은 윤리적인 논란거리가 제공될 것입니다.

둘째, 정치적, 사회적 악용을 막는 것입니다. 유전자 간에 분명히 존재할 인종적 차이점을 이용하여 제2의 인종차별이 나올 수도 있으며, 같은 민족 간에도 계층이 형성될 우려가 있습니다.

셋째, 정상과 비정상 구분의 모호성입니다. 유전적 다양성을 옳고 그름으로 판단하여, 다양성을 무시하고, 흑백논리로 발전해 버릴 가능성이 있다는 것입니다.

넷째, 유전자의 무분별한 변형 및 향상입니다. 예를 들어 사는 데는 지장이 없으나 있을지도 모를 부작용을 감안하고 키를 크게 한다든지, 머리를 금발로 만든다든지 하는 경우가 해당됩니다. 또한, 신체적인 병이나 문제점을 판단할 수 있는 기준마저 모호하며, 이는 국가별로도 매우 다양합니다.

　다섯째, 유전정보가 효용 있는 곳에 제대로 사용되는가 하는 것입니다. 인류의 번영을 위해 사용되어야 할 유전정보가 생물을 살상하는 생물학적 무기개발에 이용되는 것을 들 수 있습니다.

　여섯째, 유전자를 이용한 생물체 혹은 인류의 통제입니다. 이는 생물체의 행동과 생각을 유전자가 제어, 조절함으로 유전자를 조작 시 이를 이용한 특정 부류의 생명체와 인류를 통제할 수도 있다는 가능성입니다.

　위와 같은 문제점들은 다가올 바이오시대에 묵과해서는 안 될 심각한 문제점들로, 인류는 이에 대한 대비를 철저히 해야 하고, 이러한 문제점들을 보완하여야 할 것이며, 인류의 번영을 위해 이 지식과 기술을 사용할 수 있는 힘이 갖추어 졌다고 확신을 가질 때에야 우리가 이룩한 또 하나의 혁명을 누릴 수 있게 될 것입니다.

(2000. 7. 8. 건양대학교병원)

[강연]

진정한 세계화를 위한 제언

　오늘날 우리 사회 변화의 핵심을 말하라면 아마도 세계화·정보화라는 말일 겁니다. 이 말은 최근 몇 년 사이에 너무나 많이 쓰여서 우리에게는 귀에 익은 말이 되어버렸습니다. 그러나 이러한 구호 아래 변화를 시도하는 우리의 모습을 보면서 몇 가지 생각이 들어 오늘 여러분과 이에 대한 이야기를 하려고 합니다.
　이 '세계화·정보화'는 서로 그 성격을 달리하면서도 우리의 생활 속에서는 서로 긴밀한 관련을 갖고 있습니다. 우리가 이런 '세계화·정보화'를 해나가면서 우리 사회에 나타난 직접적인 변화를 살펴본다면 그것은 바로 영어회화 열풍·컴퓨터 열풍·인터넷 열풍과 그리고 효사상의 붕괴 가속화입니다.
　우선 세계화에 대해 이야기해 봅시다.
　이 세계화의 한 방편으로 우리 사회는 영어회화를 강조하고 있습니다. 기업과 교육계에서 특히 이러한 현상이 지배적입니다만, 이 영어만 말할 줄 알면 세계의 많은 곳에서 의사소통이 가능하다고 믿고 있기 때문입니다. 실제로 영어는 세계 공용어로 자리를 굳혀가고 있으며, 이는 인터넷의 등장으로 더욱 가속화되고 있습니다. 더욱이 우리나라가 자원이 빈약하고 우리 경제의 비약적 발전이 지금까지 거의 대외 교역에 의지해 왔으며 앞으로도 그럴 것이라는 점으로 미루어 보아 이러한 현상은 그 연장선상에서 당연한 결과라고 볼 수 있습니다. 그래서 영어회화가 강조되고 있고, 올해부터 초등학교 3학년부터는 의무적으로 학교에서 영어회화 교육을 받도록 되어 있습니다. 이것은 어릴 때일수록 언어습득능력이 뛰어나기 때문이라는 견해에 따른 것입니다.

이 세계화에 있어서, 일단 긍정적인 것은 우리가 이 세계화를 우리 발전의 계기로 삼고자 한 점에 있습니다. 사실 우리가 세계화를 내세우게 된 데에는 그렇게 해야만 했던 나름의 절박한 이유가 있었습니다. 그것은 바로 UR(우루과이라운드: 다자간 무역협상)로 거슬러 올라갑니다. 이것은 이러저러한 사정으로 일반 국민들의 기억에서 희미해졌지만, 시시각각으로 우리의 삶을 죄어오고 있습니다. 이 우루과이라운드는 1986년 가트(GATT: 관세 및 무역에 관한 일반협정)에 의해 제창되어 오랜 협상과 조정 작업을 거쳐 1993년 말에 마무리되었습니다. 이것은 비관세장벽, 지적재산권, 서비스 산업의 교역, 농산물 교역, 섬유 등의 분야를 가트가 포괄하여 다루고 관세도 크게 끌어내리는 것을 목표로 하고 있습니다. 이 과정에서 우리는 최후의 보루로 삼았던 쌀을 포함해서 모든 분야에서의 개방을 하도록 협정을 맺게 되었습니다. 지금도 부문별로 개방을 하고 있으며, 조만간 전 분야에서의 개방을 눈앞에 두고 있습니다.

이 우루과이라운드를 가트가 추진하게 된 배후에 미국이 있음을 우리는 알고 있습니다. 미국 내 경제상황의 지속적인 악화가 그 발단이 된 것입니다. 기술과 자본 면에서 우위에 있는 미국이 가트를 앞세워 각 나라의 관세의 벽을 허물어뜨려 자국 경제의 활성화를 꾀하고자 한 일인 것입니다. 이에서 우리는 철저한 국가이기주의와 적나라한 힘의 논리를 분명히 확인할 수 있습니다. 이에 대한 적극적인 대응책으로 나온 것이 바로 '세계화'란 것입니다. 개방은 우리만 하는 것이 아니라 전 세계의 각 나라가 모두 개방하는 것이므로 거꾸로 우리가 세계로 뻗어나갈 수 있는 호기라고 보는 견해의 표출입니다. 이것은 그 당시 우리가 택할 수 있는 유일한 길이었다고 보아집니다. 그러므로 우리가 세계로 뻗어나가 세계의 여러 나라와 접할 때 가장 필요한 것이 그 나라의 언어입니다. 그러므로 시기적으로 급박한 상황 속에서 우리가 택할 수 있는 것은 '영어'뿐이었습니다. 앞에서 언급했듯이 영어는 이제 거의 세계 공용어가 되어 가고 있기 때문입니다. 요즈음 우리 사회에서 영어회화는 우리나라가 다른 나라와의 경쟁에서 살아남기 위한 하나의 필연적인 선택이라고 볼 수 있습니다.

이에의 연장선상에서 '컴퓨터 열풍'과 '인터넷 열풍'을 이해할 수 있습니다. 미래의 사회에서 무한한 가치를 창출해 내는 것은 바로 '정보'라고 합니다. 이러한 조짐은 벌써 우리에게 일어나고 있습니다만 컴퓨터는 무한한 정보자료를 적은 공간 속에 담아 놓을 수 있게 해줄 뿐만 아니라 훌륭하게 관리까지 해줍니다. 더군다나 한 자리에 앉아서 멀리 떨어져 있는 장소의 필요한 정보를 찾아보고 받아볼 수 있게 해줍니다. 한마디로 시간과 경비를 상당하게 절약하게 해줍니다. 그리고 이러한 것을 전 세계적으로 가능하게 해 준 것이 바로 '인터넷'이라는 것입니다. 이것은 전 세계의 무한한 정보를 우리에게 신속하게 제공해 줍니다. 더군다나 필요한 정보만을 우리가 이용하기 쉽게 선별해 주기도 합니다. 이것이 우리가 '컴퓨터'와 '인터넷'에 관심을 기울이는 이유인 것입니다. 이러한 점에서 우리 생활도 '정보화'가 필요한 것입니다. 이는 더욱 높은 가치 창출을 위한 것입니다.

이상에서 언급했듯이 영어회화와 컴퓨터, 인터넷은 향후 우리의 생활(생존)에 커다란 긍정적인 변화를 줄 것이므로 이에 대한 열풍은 아마도 상당히 지속될 것이라고 생각합니다. 그런데 이러한 변화가 진정 우리에게 긍정적으로 진행되어 나가도록 하기 위해서 우리는 이 시점에서 몇 가지 문제를 신중히 검토해 보아야 합니다.

우선 세계화 선언 이후 가장 중시되는 '영어회화'에 대해서 그 문제점을 살펴봅시다. 일단 '세계화'를 추구하면서 오히려 다른 외국어는 등한시하고 영어만을 중시하냐 등의 견해는 접어두고,(이것은 물론 타당하며 우리가 향후 진지하게 생각해야 할 사안이나, 세계화를 추진하게 된 그 배경을 잘 모르는 데서 온 견해이므로) 일단 심각하게 생각해야 할 한 가지 문제만 언급한다면 그것은 바로 어린 아이들을 대상으로 하는 유명 사설 어학원에서 우리의 어린 아이들에게 영어를 가르치면서 그 아이들에게 영어로 이름을 붙여주고 그 이름을 부른다는 사실입니다. 우리의 어린 아이들에게 영어 이름을 붙여주는 이유는 영어로 이름을 붙여 주어야 아이들이 호기심을 갖고 재미있게 영어를 배울 수 있다는 것이고, 또 한 가지는 영어를 가르치는 강사들이 한국 이름을 외우기가 어렵기 때문이라는 것입니다. 언어라는 것은 문화 속에서 잉태되는 것이므로 우리가 영어를 배울 때 그 문화를 알아야 하는 것은 필요한 일입니다. 그러나 우리의 문화도 제대로 이해하지 못한 어린 아이들에게 영어를 가르칠 때에는 매우 상당한 주의와 노력이 필요하다고 봅니다. 이것은 자칫 잘못하면, 몸은 한국인인데 생각은 미국인인 괴상한 사람을 만들 수 있기 때문입니다. 우리는 한복을 입은 금발을 한 푸른 눈의 미국인이 얼마나 어색한가 하는 것을 쉽게 생각할 수 있습니다. 더군다나 외형적인 것이 아니라 내면적인 것이라면 이것은 더욱 심각한 문제를 야기합니다. 더욱이 이름이라는 것은 우리 동양에 있어서 운명과 연관되어 매운 중시해오던 것입니다. 또한 성과 이름은 우리 민족(민족정신)의 뿌리입니다. 성과 이름으로써 우리는 내가 누구의 자손이며, 또한 나의 선조는 어떤 분이라는 것을 알 수 있습니다. 또한 그로부터 뿌듯한 자부심을 갖기도 합니다. 조상을 중시하는 것은 우리의 오랜 전통인 것입니다. 이 이름을 지키기 위해 가까이는 일제 강점기 때 우리의 선조들은 목숨까지 아끼지 않았던 것입니다. 그렇게 목숨으로 지켜온 이 이름을 오늘은 단지 아이들에게 호기심을 심어준다는 이유로, 영어 강사가 한국 이름을 외우기 어렵다는 이유로 너무도 쉽게 우리의 아이들의 소중한 이름을 한순간이나마 버리고 있는 것입니다. 우리의 어린 아이들이 자신이 어떤 사람인지를 알지 못하고, 자신의 뿌리를 중요시하지 않으면서 영어만 잘하면 그것이 무슨 소용이 있겠습니까? 영어는 우리가 필요해서 배우는 것입니다. 그러나 그것은 우리가 우리의 전통을 지켜나가는 측면에서 이루어져야 합니다. 왜냐하면 그 전통이 오늘을 살아가는 우리의 자긍심이며 삶의 원동력이기 때문입니다.

우리의 전통을 세계화에 접목시킨 좋은 예를 우리는 1988년 서울 올림픽에서 찾아볼 수 있습니다. 그 개막 행사 중 온 관중이 지켜보는 가운데, 세계의 이목이 집중된 가운데 그 적막 속을 꿰뚫고 잠실벌 한 가운데를

가로질러 달려간 한 소년을 우리는 기억합니다. 그런데 그 소년의 손에 주어진 것은 다름 아닌 바로 굴렁쇠였습니다. 이 굴렁쇠는 우리들이 어렸을 때까지만 해도 동네에서 쉽게 볼 수 있었던 놀이기구입니다. 그런데 이것이 그 행사의 백미로 세계의 찬탄을 받았던 것입니다. 이것은 우리의 것을 잘 살린 좋은 예로 두고두고 남을 것입니다.

세계화란 세계의 것을 우리가 받아들이는 것만이 아니라 우리 전통의 개성을 순수하게 지켜나갈 때 가능하다는 가능성을 보여준 사건이 1996년 애틀랜타 올림픽 때 있었습니다. 이 일은 운동경기와 관련된 것은 아닙니다. 이것은 올림픽 기간 중 선수들에게 제공되는 '김치' 공급을 놓고 경쟁을 벌였었습니다. 한 마디로 장외경쟁이었던 것입니다. 우리의 김치가 세계에서 보기드든 영양이 풍부한 발효식품이라고 우리가 자부하며 안주하고 있을 때, 일본은 김치 담그는 기술을 우리에게 배워가서 자신들에게 알맞게 변형시켜 이미 유럽에 수출까지 하고 있었습니다. 그래서 이 김치는 '김치'라는 이름보다 '기무치'라는 이름으로 더 친숙하게 유럽인들에게 인식되어 가고 있었던 것입니다. 이러한 상황하에서 김치 공급권을 놓고 맞부딪친 일본에 비해서 우리가 유리할 것은 거의 없었습니다. 그런데 김치의 맛을 본 검시관들은 순수 한국전통방식으로 담근 우리의 김치를 공식 식품으로 결정을 했던 것입니다. 그래서 세계의 사람들이 우리 한국의 고유 김치의 맛을 볼 수 있었습니다. 이것은 우리가 세계화를 해나갈 때 어떠한 방식으로 해나가야 할지를 분명히 제시해 주고 있는 것입니다. 즉, 진정한 세계화란 세계의 것을 무분별하게 우리가 받아들이는 것이 아니라, 세계의 좋은 점을 우리가 신중하게 선별적으로 받아들여야 하는 것이지만, 이보다는 우리의 것을 가지고 세계로 뻗어나가려는 적극적인 의미여야 하는 것입니다.

같은 맥락에서 우리는 우리의 전통을 현대화하는 데 끊임없는 관심을 기울여야 합니다. 이러한 좋은 예로서 우리는 한복을 들 수 있습니다. 우리의 전통적인 한복은 입기가 매우 까다로울 뿐만 아니라 오늘날 우리가 입고 행동하기에도 불편한 점이 많았습니다. 이러한 한복을 모양은 그대로 살리면서 입고 행동하기에 편리하도록 개량한 것입니다. 이 개량 한복은 점차 많은 사람들에게 보급되고 있다고 합니다.

이와는 달리 전통을 잘못 이해하는 경우도 있습니다. 제가 예전에 대학 조교를 있을 때의 일입니다. 제가 다니는 대학교는 유교 학교라서 그런지 가끔 외부로부터 예절에 관련된 전화가 오곤 합니다. 한번은 중년이 넘은 듯한 여성으로부터 전화가 왔었습니다. 그 사연인즉, 딸이 결혼을 했는데, 그 사위가 자신을 '장모님'이라고 부르지 않고 '장모'라고 부른다는 것이었습니다. 그리고 사위는 그 이유를 우리의 고전인 춘향전의 예를 들더라는 것입니다. 우리의 대표적 고전 중의 하나인 춘향전에 분명히 이도령이 춘향의 어머니인 월매에게 장모님이 아니라 장모라고 부르고 있으므로, 자신이 장모라고 부르는 것이 옳다고 완강히 주장하나, 자신은 사위가 자신을 장모님이라고 불러줬으면 싶은데 정말 춘향전에 이도령이 월매에게 장모라고 부르는 대목이 있냐는 것이었습니다. 분명 춘향전에는 이도령이 월매를 부를 때, "어허, 이보게 장모"라는 대목이 있습니다만, 그렇다고 해서 오늘날 우리가 '장모'라고 부르는 것은 잘못입니다. 오늘날 우리 사회는 계층 사회이지만 그때는 계급사회였던 것입니다. 그러므로 양반인 이도령이 기생인 월매와는 신분이 달랐기 때문에 월매를 높여 부르지 않고 하대한 것입니다. 만약 이를 본받아 오늘날 우리가 처의 어머니를 장모라고 부른다면 이것은 크게 잘못하는 것입니다. 자신의 장모님을 천인 취급하는 것이니 말입니다.

 이것은 잘못 이해된 고전의 한 예입니다마는 앞으로 우리는 우리의 고전, 전통을 올바로 현대화해야 합니다. 이것이 현대에 올바로 이해되고 적용될 때, 세계화로의 길이 열리는 것입니다.

 그 다음으로 정보화가 우리 사회에 미치는 영향 중 신중히 고려해 보아야 할 점에 대해 이야기 할까 합니다. 정보화는 우리에게 있어 필연적인 것이지만, 우리가 조심하지 않으면 이것이 우리의 효사상에 부정적인 영향을 미칠 수 있다는 사실에 주목해야 합니다. 이 정보화가 어떻게 우리의 효사상의 붕괴와 관련되는 것일까요?

이것은 우리의 전통적인 삶의 방식을 살펴봄으로써 가능합니다. 아주 옛날 한 마을에서 태어나 그 마을에서 살다가 생을 마치는 그런 시절에, 흰 머리를 가진 사람 즉 노인들은 그 마을 사람들의 존경을 받았습니다. 그들이 존경을 받은 이유는 다른 것이 아니라 경험이 풍부하기 때문입니다. 요즈음 표현으로 한다면 그 마을의 일에 대하여 많은 정보를 가지고 있었다고 할 수 있습니다. 마을의 경계가 견고해서 정보의 이동이 어려웠던 시절에는 노인일수록 그 마을에 대한 많은 경험을 가지게 되는 것은 당연한 일이었습니다. 그래서 마을에 어떤 일이 발생할 때, 그 적절한 해결책을 제시해서 해결해 주었던 것입니다. 그럼으로써 마을 사람들로부터 존경을 받게 되었던 것입니다. 그러던 것이 교류가 트이면서 견고한 마을의 울타리가 허물어져 점차 젊은 사람들이 노인들의 경험을 빌리지 않고도 해결책을 구하면서부터 이들에 대한 존경심은 점차 희미해져 갔습니다. 요즈음은 어떻습니까? 나이 드신 할아버지 할머니들은 물론이고 부모들까지도 자식들에게 "아, 그것도 모르냐"고, 그리고 "모르면 가만히 계세요."라는 핀잔을 듣는 경우가 많아지고 있습니다. 더욱이 컴퓨터에 관한 일이라면 더욱 그 사정이 심합니다. 이에 관해서라면 무시까지 당하는 경우가 흔합니다. 그러므로 이 정보화의 확대가 높은 가치를 창출해내는 한편으로 노인들에 대한 존경심을 상당히 무너뜨렸다고 볼 수 있습니다. 오늘날 노인들이 자식들을 소위 잡는 방법은 금전적인 문제밖에 없는 듯이 보입니다. 이것은 우리 사회의 불행입니다. 그러나 구세대는 단순히 낡은 세대는 아닙니다. 그들은 제한된 경험을 가지고 있다 하더라도(현대는 워낙 많은 정보가 넘쳐나므로 현대인들은 누구나 이 제한된 경험을 가질 수밖에 없습니다.) 그들은 그들의 연륜으로 인하여 그 제한된 경험을 통해 젊은 사람들이 갖고 있는 못한 많은 삶의 지혜를 가지고 있습니다. 그러므로 젊은 사람들은 이들의 삶의 지혜를 경청하는 겸허한 자세를 가져야 할 것입니다.

얼마 전 우리나라는 OECD에 가입함으로써 우리나라도 선진국 대열에 들어섰다고 정부에서는 대대적으로 선전했습니다. 이것도 세계화 선언 이후 하나의 큰 성과라고 볼 수 있습니다. 그러나 좋아만 할 일은 아닙니다. 아무리 우리가 선진국이 되고 세계화를 이룩했다 하더라도, 자식이 부모를 모시기 싫어 아파트 주변 노인정에 방치해서 부모를 굶어죽게 하는 사회라면, 아버지가 술에 취해 화가 난다고 아주 어린 아들을 방벽에 집어 던지는 그런 사회라면, 사람이 많이 다니는 골목에 차를 몰고 가는 사람을 행인이 나무라자 차에서 내려 폭력을 행사하는 그런 사회라면, 그것은 우리가 바라는 우리의 모습은 아닐 것입니다. 이것은 올바로 변화해가는 그런 모습은 아닙니다. 우리가 절박한 삶의 선택으로 택한 세계화이긴 하지만 너무 허겁지겁 달려갈 필요는 없습니다. 보다 성숙한 사회기반 위에서 우리의 세계화는 추진되어야 할 것입니다.

[강연]

〈단군신화〉와 오늘의 한국

1. 들어가며

오늘 우리는 '21세기에 있어서 단군의 의미'라는 주제로 이야기를 하고자 합니다. 21세기 정보화시대, AI가 우리 생활 깊숙이 들어와 있는 과학 발전의 시대에 5천 년 전 청동기시대의 단군에 대해 이야기하는 이유가 무엇입니까? 왜 우리는 이 시대에 단군을 이야기하고자 합니까?

우리가 과거를 이야기하는 이유는 명백합니다. 그것은 단지 과거의 사실을 추억하기 위해서가 아닙니다. 우리가 그렇게 하는 이유는 오늘날 우리의 문제점을 파악하고 그 문제를 해결하기 위해서 과거를 들여다 보는 것입니다. 우리가 오늘의 문제점을 정확히 인지하고, 과거로부터 그 해결의 실마리를 찾아낸다면 우리는 그로부터 우리가 나라갈 미래의 방향까지 예측할 수 있기 때문입니다.

그럼 현재 우리는 어떤 문제를 안고 있습니까? 대단히 많은 문제가 있습니다. 사회적으로 빈부의 문제, 이로부터 야기되는 각종 차별의 문제, 교육의 문제, 저출산의 문제, 취업의 문제, 노동의 문제, 노인의 문제 등등 수도 없이 많은 문제를 갖고 있습니다.

우리 사회의 이러한 다양하고 복잡한 문제들은 상호 영향을 주며 복합적인 문제를 야기합니다. 이러한 문제들 중 우리는 오늘날 우리 사회가 해결해야 할 다문화 가정의 문제를 중심으로 그 원인과 과정, 해결책을 이야기하면서 우리 사회의 이러한 복합적인 문제들의 궁극적인 해결 방법을 함께 고민하고자 합니다. 그리고 그 해결책을 우리 민족의 시조인 '단군(檀君)'과 단군의 이야기인 〈단군신화(檀君神話)〉에서 찾고자 합니다. 우리가 이러한 문제들을 올바로 통찰하고 과거로부터 지혜를 빌려온다면 우리는 이러한 문제들을 시원하게 해결할 방법을 찾을 수 있을 것입니다.

2. 근대화로 인한 우리 사회의 변화

다문화가정의 문제에 접근하기 위해서 우리는 다문화가정이 우리 사회에서 증가하게 된 사회적 원인과 배경부터 살펴볼 필요가 있습니다. 우리나라에서 다문화가정이 급격하게 증가하는 시기는 1970년대부터입니다. 이때는 우리가 육이오 이후 경제 성장을 바탕으로 산업화에 집중하던 때입니다. 그래서 시골의 젊은 남녀들이 모두 돈을 벌기 위해 도시로-주로 서울-, 도시로

몰려들었습니다. 그 결과 서울은 비대해지고, 농촌은 공동화되어 적막해져 가서 농촌에는 주로 노인들과 이들을 돕는 소수의 젊은 남성 자녀들만 남게 되었습니다. 농촌에는 남아 있는 젊은 여성이 극소수였고, 도시에서 농촌으로 결혼해 오려는 여성들이 없었기에 농촌의 젊은 남성들은 노총각이 될 수밖에 없었고, 따라서 점점 농촌의 노동력은 저하될 수밖에 없었습니다.

이때 농촌 노총각 결혼시키기 운동이 우리 사회에서 일어나기 시작해서 중국과 동남아여성들을 우리나라에 데려와 우리 농촌 노총각과 결혼을 시키면서 다문화가정이 본격적으로 증가하기 시작했습니다. 우리나라에서 결혼이주여성이 본격적으로 등장한 것입니다. 육이오 이후 아메리칸 드림을 꿈꾸며 우리 젊은 여성들이 미국인과 결혼하여 미국으로 이주한 것의 판박이라 볼 수 있습니다. 주로 중국과 동남아의 빈곤층 여성이 코리안 드림을 꿈꾸며 결혼을 통해 이주해온 것입니다. 2022년 결혼 이민자수는 167,522명으로 전체 인구(51,751,065명) 대비 0.3%에 달하며, 이들 다문화가정의 인구수는 2022년 1,151,004명으로 전체 인구 대비 약 2.2%에 달합니다.

우리가 선진국의 반열에 오르면서 우리 사회는 몇 가지 문제를 겪게 되는데, 우리의 오늘 주제와 관련하여 중요한 것이 노인 관련 문제와 저출산의 문제입니다. 노인 인구(65세 이상)의 증가와 저출산으로 인해 노동가능인구가 줄어들게 되어 이들 부족한 노동력을 외국으로부터 수입해야 하는 상황인데, 이는 국부(國富)의 외국 유출로 이어집니다.

한국은 경제적 풍족함과 의료기술의 발달로, 2000년 고령화 사회로 접어든 이후에 2017년 14.2%로 고령사회에 접어들었으며, 2025년 20.6%로 초고령사회에 접어들 예정입니다. 이 고령화 속도가 세계 1위라고 합니다. 이와 연관하여 더욱 큰 문제는 노인빈곤율이 2023년 43.2%로 호주, 미국, 일본 등의 20%대에 비해 두 배 정도 높다는 것입니다. 아울러 한국의 노인 자살율도 결제협력개발기구(OECD) 중 1위를 차지하고 있습니다.

이와 맞물려 출생율이 급격히 떨어지고 있습니다. 2021년 기준으로 경제협력개발기구(OECD) 38개 회원국 중 합계출산율이 1명에 못 미치는 국가는 우리나라가 유일한데, 2023년 우리나라의 합계출산율은 0.72명으로 역대 최저 수준입니다. 이는 결혼의 필요성을 못 느끼는 젊은이들의 증가와 여러 가지 이유로 결혼 후 아이를 낳지 않는 부부의 증가로 인한 것입니다.

우리나라는 근로현장에서의 일손 부족은 매우 심각한 상황입니다. 우리나라의 노동가능인구(15세~64세) 중에서 핵심노동인구(25세~54세) 비중은 2020년 기준 45.3%로 경제협력개발기구(OECD) 중 두 번째로 높은 편이지만, 점차 낮아져 2047년에는 31.3%로, 2060년에는 26.9%로 38개국 중 유일하게 20%대를 기록할 것으로 예상하고 있습니다. 우리나라의 핵심노동인구의 고용률은 75.2%로 경제협력개발기구(OECD) 중 29위로 낮은 것으로 나타났습니다.

핵심노동인구(25세~54세) 비중이 현재는 현저히 낮은 것은 아니지만, 현장에서 일손 부족을 호소하는 것은 대학생들이 3D 직종을 꺼리기 때문입니다. 전국경제인연합회에서 실시한 '2022년 대학생 취업인식도 조사' 결과, 65.8%의 대학 졸업예정자들이 취업에 대한 기대를 접고 있다고 합니다. 지금은 더 심해지고 있습니다. 즉, 이로 인해 핵심노동인구(25세~54세) 중 현장에서 일할 일손의 부족으로 이러한 노동력을 외국에서 수입하고 있는데, 우리 농촌과 공장 등 우리 생활 전반에서 현재 이들 노동자들이 없으면 사회가 제대로 돌아가지 않을 정도입니다.

이러한 상황 속에서 다문화가정의 안정적 포용은 우리 사회를 안정화하고 발전시키는 데 매우 필요한 일입니다. 이들에 대한 국가적 지원이 확대되고 있지만 각종 차별이 현존하는 우리 사회 속에서 이들에 대한 편견과 그로 인한 차별 또한 심화되고 있다고 볼 수 있습니다.

이러한 현상의 책임이 다문화가정의 구성원들에게도 없다고 할 순 없지만, 우리 국민의 순수혈통의 단일민족에 대한 강한 믿음에 기인하는 것도 어느 정도 사실입니다. 우리 민족은 국가적 어려움이 닥칠 때마다 우리는 단군의 자손이라는 명분하에 결집해서 그 어려움을 이겨내 왔습니다. 고려시대 몽고군 침입 때라든가, 임진왜란과 병자호란의 왜군과 청나라의 침입이라든가. 일제 강점기의 일제의 침입에 맞서 우리는 단군의 자손이라는 단일민족에의 자부심으로 이를 극복해 왔던 것입니다. 그러므로 단군의 자손으로 단일 핏줄을 가진 단일 민족이라는 이 이념은 우리 국민의 의식 저변에 뿌리박힐 수밖에 없는 것입니다.

그런데 국란을 극복하게 해주었던 이 단일민족이라는 이념이 오늘날 우리 사회가 다문화가정을 포용하는 데 걸림돌이 되고 있는 듯합니다. 그러므로 이러한 문제를 해결하기 위해서 우리는 단군, 〈단군신화〉에 대한 검토부터 해야 하는 것입니다.

3. 단군, 〈단군신화〉에 대한 국민의 인식

우리 국민들은 모두 단군을 우리 민족의 시조로 인식하고 있으며, 단군에 대한 이야기를 사실로 받아들이고 있는가? 이에 대한 조사를 2001년과 2011년에 개천절(10월 3일)을 즈음하여 각각 홍익문화운동연합과 KBS 1라디오가 설문조사를 시행한 적이 있습니다. 이 설문조사 결과를 통해 단군과 단군신화에 대한 국민들의 인식과 그 인식의 변화를 살펴볼 수 있습니다.

	단 군		단군이야기	
	역사 속 실존인물 (실재한 인물)	신화적 인물 (허구적 인물)	역사	신화 (신화적 상징으로 표현된 역사)
2001 설문조사	40.4%	54.5%		
2011 설문조사	58.7%	41.3%	34.3%	65.7% (62.3%)

30대 이하 젊은층이 중장년층에 비해 단군에 대해 '실재한 인물'이라는 응답이 많은 경향을 보였는데, 이는 노년층이 단군의 존재를 부정한 일제의 교육을 받은 영향이 남아 있을 개연성이 높은데 비해 젊은 층은 새로운 교육 환경에서 역사 교육을 받은 영향일 가능성이 높다고 볼 수 있습니다.

단군이야기에 대해 30대 이하의 젊은 세대는 50대 이상의 장년층에 비해 10% 포인트 이상 신화가 아닌 역사라고 응답하였습니다. 이 설문조사에서 단군이야기 즉 〈단군신화〉를 역사적 사실로 보지 않는 비율이 높았지만, 또 다른 질문인 "단군 이야기는 '신화적 상징으로 표현된 역사'라는 주장에 공감하는가?"라는 질문에 "공감한다"가 62.3%로, "공감하지 않는다"는 37.7%에 비해 월등히 높았다는 사실에 주목할 필요가 있습니다. 이는 단군이야기가 역사적 사실이 아니라고 응답한 상당수가 '신화적 상징으로 표현된 역사'라는 데에 공감했다고 볼 수 있기 때문입니다. 이 역시 젊은 층일수록 '공감한다'는 응답이 많았습니다.

질문 \ 답변	그렇다	아니다	모르겠다
단군이 우리민족의 시조인가? (2011)	79.1%	20.9%	
고조선을 우리나라 최초의 국가로 보는가?(2011)	78.4%	21.6%	
단군이 민족 동질성 회복 및 구심점 형성에 도움이 될 것이라고 생각하느냐(2001)	54.3%	42.4%	
우리 시대에 홍익인간의 정신이 걸맞다고 생각하는가(2011)	72.7%	17.1%	10.3%

이상의 내용을 요약 정리하면 다음과 같습니다. 현재 우리 국민 대부분은 단군을 우리 민족의 시조로 인식하고 있으며, 단군은 실재했던 인물이고 단군의 이야기는 상징적으로 표현된 역사적 사실이라는 것입니다. 그러므로 단군이라는 존재는 민족 동질성 회복 및 구심점 형성에 도움이 되며, 그 홍익인간의 정신은 우리 시대에 걸맞다고 보는 것입니다.

4. 〈단군신화〉에 담긴 뜻

우리가 단군이야기를 대할 때 단군이야기를 '신화적 상징으로 표현된 역사'라고 하는 데 많은 이들이 공감했다는 사실에 주목할 필요가 있습니다. 더불어 단군

이야기를 신화라고, 즉 사실이 아니라고 인식하는 사람들이 그렇게 생각하는 이유도 함께 검토할 필요가 있습니다.

그 전에 우리는 '신화(神話)'라는 용어의 개념을 정리하고 넘어갈 필요가 있습니다. 설문조사에서 '단군은 신화적 인물'이라고 할 때의 '신화'라는 의미는 '허구(虛構)'라는 의미로 쓰인 것입니다. 즉, '허구'란 사실이 아니다라는 의미입니다. 그런데, "단군이야기는 '신화적 상징으로 표현된 역사'"라고 할 때의 '신화'라는 말은 '역사적 사실에 바탕을 둔 이야기'라는 의미입니다. 즉, 상징적 표현의 의미를 정확히 이해하게 되면 우리는 그 이야기의 사실을 확인할 수 있다는 말입니다. 본 강연자는 이러한 의미에서 〈단군신화(檀君神話)〉라는 용어를 사용합니다.

상징(象徵)이라는 것은 하나의 언어, 사물이 당시 문화 속에서 내적인 유사성에 의해 일정한 의미를 획득하는 것을 말합니다. 그러므로 우리가 현대가 아닌 옛날의 사실에 접근할 때는 그 시대의 사고체계로 접근을 해야지 현대의 입장에서 접근해서는 올바른 사실에 다다를 수가 없는 것입니다.

〈단군신화〉의 내용이 허구라고 생각하는 사람들의 그 이유를 다음과 같이 정리할 수 있습니다. 즉, 환웅이 구름을 타고 신단수(神檀樹)로 내려온 일, 곰과 호랑이가 신웅(神雄)에게 사람이 되게 해달라고 말을 한 일, 곰이 인간으로 변신하여 역시 인간으로 잠깐 변한 신웅과 혼인하여 단군(檀君)을 낳은 일, 환웅이 인간이 되기를 원하는 곰과 호랑이에게 쑥과 마늘을 주며 이것을 먹으면서 백일(百日) 동안 햇빛을 보지 않으면 사람이 된다고 했는데, 실제로는 삼칠일(三七日: 21일)만에 곰이 여인으로 된 일, 단군이 1500년 동안 나라를 다스리고 1908세를 산 일 등이 실재할 수 없는 일이라고 생각하는 것입니다. 이러한 표현의 내재적 의미를 올바로 파악한다면 우리는 〈단군신화〉가 역사적 사실에 근거한다는 생각에 공감하게 될 것입니다.

우선, '환웅이 구름을 타고 신단수(神檀樹)로 내려온 일'에 대해 살펴봅시다. 우리는 이러한 사실에 접근하기 위해 신석기시대의 샤머니즘(Shamanism)에 대해 이해할 필요가 있습니다. 〈단군신화〉가 만들어진 시기는 청동기시대이지만, 구석기시대의 애니미즘(Animism)과 토테미즘(Totemism), 그리고 신석기시대의 샤머니즘(Shamanism)이 이 시대에도 영향을 끼치고 있었기 때문입니다. 신단수는 우주목(宇宙木)으로서 샤먼(Shaman, 무당)이 천상을 오르내리는 길입니다. 환웅은 태백산 꼭대기 신단수 아래로 내려와서 신시(神市)를 열고, 이 지역의 임금[君長]이자 제사장(祭司長, 곧 샤먼)으로서 이 지역을 다스립니다. 환웅은 환웅천왕(桓雄天王)이라고 불렸듯이, 천상족(天上族)으로서 하늘을 오르내리며 이 지역을 다스리게 됩니다. 〈단군신화〉에서 이 부분의 기록은 하늘신을 숭배하는 환웅의 무리가 하늘과 잘 소통하면서 하늘의 뜻을 받들어 이 지역을 이롭게 잘 다스린다는 의미로 볼 수 있습니다.

두 번째로 '곰과 호랑이가 신웅(神雄)에게 사람이 되게 해달라고 말을 한 일, 곰이 인간으로 변신하여 역시 인간으로 잠깐 변한 신웅과 혼인하여 단군(檀君)을 낳은 일'을 살펴봅시다. 실제로 동물인 곰과 호랑이가 인간의 말을 할 수는 없습니다. 이것은 토테미즘(Totemism)의 관점에서 접근할 경우, 해결의 실마리를 찾을 수 있습니다. 이때 곰과 호랑이는 곰을 토템(Totem)으로 하는 곰족과 호랑이를 토템으로 하는 호랑이족의 인물들이라고 보아야 합니다. 여기서 곰에서 인간으로 변신한 웅녀와 역시 인간으로 잠깐 변한 신웅이 혼인하여 단군(檀君)을 낳은 일은 천신족과 곰족이 신웅과 웅녀의 혼인을 통하여 결합한 것이고, 나중에 이들의 자손인 단군왕검이 성장하여 고조선(古朝鮮)이라고 하는 새로운 국가를 형성한 것으로 볼 수 있습니다.

세 번째로 '환웅이 인간이 되기를 원하는 곰과 호랑이에게 쑥과 마늘을 주며 이것을 먹으면서 백일(百日) 동안 햇빛을 보지 않으면 사람이 된다고 했는데, 실제로는 삼칠일(三七日 : 21일)만에 곰이 여인으로 된 일'을 살펴봅시다. 여기에서 곰이 인간이 되는 것은 곰에서 인간으로의 새로운 탄생이라고 볼 수 있습니다. 그리고 여기에 보이는 백일과 삼칠일은 우리 민속에서 탄생과 긴밀하게 관련 있는 숫자들입니다. 민족마다 신성하게 여기는 숫자들이 있습니다. 꼭 이루어지기를 바라는 소망하는 일에 인간은 자신들에게 길한 숫자로 인식된 숫자를 말로써 또는 행위로써 등장시키면 자신들의 소망이 이루어질 것이라는 믿음을 갖고 있었던 것입니다. 우리 민족은 숫자 3과 7에 그러한 인식을 갖고 있다. 오늘날도 어떤 내기를 할 때 삼세번을 한다든지, 특히 제사를 지낼 때 3이란 숫자가 많이 등장하니, 잔을 올릴 때 향불에 잔을 세 번 돌리는 일, 술잔의 술을 모사기에 부을 때 세 번에 나누어 따르는 일, 숟가락을 메에 꽂을 때나 젓가락을 음식에 놓을 때 시접에 세 번씩 두드리는 일 등은 3이란 숫자에 우리가 얼마나 기대고 있는지를 보여주는 사례입니다. 아울러 아이가 태어났을 때, 삼칠일(21일: 7일을 3번 반복함) 동안 금줄을 거는 일, 장례를 치를 때 지내는 사십구재는 7일을 7번 반복한 것이라는 것 등은 7이란 숫자에 대한 우리의 믿음을 짐작하게 합니다. 이러한 3과 7에 관련된 이야기는 우리의 신화, 전설, 민담 속에 풍부하게 전합니다. 우리 민족에게 성수로 인식되는 이 3과 7이라는 숫자는 북방 샤머니즘의 영향으로 보고 있는데, 북방 샤머니즘에 보이는 성수 3, 7, 9, 81 등은 동북 샤머니즘의 '1-3-9-81'의 사유체계에 수메르와 메소포타미아에서 받아들인 '3, 7'의 성수가 혼합된 것이라고 보는 견해가 있습니다. 이 논의를 받아들인다면 〈단군신화〉에 보이는 삼칠일(三

七日)의 3과 7의 성수 관념은 동북 샤머니즘의 관념과 수메르와 메소포타미아에서 발생한 관념의 영향을 받은 것으로 볼 수 있는데, 이레[7일]를 세 번 반복하는 것은 우리의 생활 속에서 만들어진 관념이라고 보여집니다. 어쨌든 〈단군신화〉에서 삼칠일(이레의 세 번 반복)은 곰에서 인간인 웅녀로의 새로운 탄생에 작용하여 그것이 성공적으로 이루어지기를 바라는 당대 사람들의 소망이 담겨 있는 숫자임을 알겠습니다.

　백일(百日)에 대해서는 우리나라에 이 풍속이 오래 전부터 있었으리라 추측되고 있을 뿐 자세한 문헌이나 기록물이 별로 없고 언제부터 이러한 풍속이 있었는지에 대하여 정확한 근거를 찾기가 어렵습니다. 다만, 백일치성(百日致誠), 백일재(百日齋), 백일기(百日忌) 등과 같이 어떤 소원을 이루고자 하여 드리는 치성 기간을 정할 때 쓰는 100이라는 숫자는 큰 수이며, 많은 수, 완전수라는 뜻으로 해석됩니다. 따라서 100일이나 되는 오랫동안 아슬아슬하게 마음 죄던 어려운 시기를 무사히 넘긴 안도감에서 이날까지의 탈 없음을 축복해주며, 한 인간으로서의 성장과정의 시발점으로 백일을 인식하게 된 것이라고 보는 견해가 있습니다. 그러므로 우리 민족에게 100을 길한 숫자로 인식한 시기와 이유에 대해서는 분명하지 않지만 그런 인식이 있는 것만은 분명한 일입니다. 그리고 〈단군신화〉에서는 웅녀(熊女)의 곰에서 인간으로의 탄생과 웅녀의 단군 탄생의 소망이 이루어지기를 바라는 의미에서 삼칠일(三七日)과 더불어 백일(百日)이라는 숫자가 작용했음을 알 수 있습니다.

　마지막으로 단군이 1500년 동안 나라를 다스리고 1908세를 산 일에 대해 살펴봅시다. 한 사람이 1908년을 산다는 것은 의료기술이 발달한 현대에서도 상상을 할 수 없을 정도로 불가능한 일입니다. 여기서 우리는 '단군'이 고유명사인가를 생각해 보아야 합니다. 즉, 단군이 사람의 고유한 이름이 아니라 임금을 지칭하는 명칭이 아닌가 하는 것입니다. 이에 대한 근거를 고구려 시조인 주몽(朱蒙)에게서 찾을 수 있습니다. 주몽이 태어나서 생활한 부여(扶餘)에서는 활을 잘 쏘는 사람을 주몽(朱蒙)이라 하였다고 합니다. 그러므로 '주몽(朱蒙)'이란 이름은 고유명사가 아니라 일반명사인 것입니다. 즉 위의 기록에서 우리는 주몽이 한 사람이 아니었다는 것을 알 수 있습니다. 그렇다면 '단군(檀君)'도 고유명사가 아닌 일반명사로 볼 수 있을 것 같습니다.

　이렇게 본다면 '어국 일천오백년(御國 一千五百年)'은 고조선의 단군들이 나라를 다스린 전체 연수요, '수 일천구백팔세(壽 一千九百八歲)'는 그 단군들이 살았던 전체 수명이 되는 것입니다.

　이상에서와 같이 〈단군신화〉의 내용 중 일반인들이 허구라고 생각하는 내용들을 상징적인 측면에서 접근하면 그 내용들이 사실에 근거한 것이라는 것을 이해할 수 있게 됩니다.

5. 단일민족과 다문화사회

여기에서 우리는 우리 민족이 진정 순수혈통의 단일민족인가에 대한 질문을 진지하게 할 필요가 있습니다. 태백산 아래에 살았던 토착족인 곰족과 외부에서 이곳에 온 이주해 온 부족인 천상족이 결합하고, 이들에 의해 탄생한 국가인 고조선은 태생부터 두 문화의 결합으로 이루어진 것입니다. 이러한 다양한 문화의 결합 현상은 삼국시대를 거쳐 고려, 조선으로까지 이어집니다.

외국으로부터 우리나라에 귀화한 성씨는 신라 때 40개 성씨, 고려 때 60개 성씨, 조선조에 24개 성씨라고 합니다. 귀화족을 민족적으로 대별하면, 중국계, 몽골계[蒙古系], 여진계, 거란, 위구르계, 아랍계, 베트남계, 일본계 등이며, 이를 시대별로 살펴보면 삼국시대에는 중국인, 고려시대에는 중국인 외에 여진, 거란, 안남(베트남), 몽골, 위구르, 아랍인 등입니다. 이들이 한국에 귀화하게 된 동기는 대체로 정치적 망명, 표착(漂着), 투항, 상사(商事), 전란피란, 범법 도피, 정략결혼, 왕실 시종관계 등을 들 수 있습니다. 현재 한국에는 중국과 일본뿐만 아니라 유럽과 러시아, 미국을 비롯하여 아랍, 인도, 동남아 등 각지에서 온 귀화인들이 점점 늘어나고 있다고 합니다.

조금 구체적으로 살펴보면, 고대국가 시대의 동해의

용성국(龍城國)에서 신라로 들어와 신라의 제4대 임금이 된 석탈해(昔脫解)의 무리, 일본에서 배를 타고 와 탐라국[제주도]의 시조로 알려진 고을라, 부을라, 양을라의 배필이 된 세 처녀, 인도 아유타국(阿踰陁國)으로부터 배를 타고 가야에 와서 가야의 시조인 김수로왕과 혼인한 허황옥(許黃玉, 金海 許氏의 조상) 등을 들 수 있습니다. 그리고 안동 장씨의 시조 충헌공(忠獻公) 장정필(張貞弼)과 함안 조씨의 시조 조정(趙鼎)처럼 신라 때 중국으로부터 신라로 귀화해 와서 고려 태조 왕건이 고려를 세우는 데 큰 공을 세우기도 했습니다.

고려 왕건 때 대조영 등 고구려 유민과 말갈족이 함께 세운 발해(渤海)가 거란족에 의해 망하자 당시 발해 세자 대광현이 수만 명을 이끌고 투항해 왔으니, 이때 말갈족 일부도 이주해 왔으리라 짐작할 수 있습니다. 고려가 원나라의 부마국이 되어 고려의 왕들이 원나라 황제의 공주들과 결혼하고 그 자손들이 왕위를 계승함으로써(충선왕, 충숙왕, 충혜왕, 충목왕, 충정왕, 공민왕, 우왕 등) 원나라의 몽골인들 일부가 이 땅에 정착하게 됩니다. 그리고 공민왕 때 귀화해 청해 이씨라는 성과 본관을 받은 여진족 퉁두란[이지란]은 이성계를 도와 조선 건국의 1등공신이 되기도 했습니다.

조선왕조 때는 중국인, 여진인, 일본인, 동남아인, 태국인, 자바인, 서역의 위구르인, 이슬람교도 등 많은 외국인들이 이 땅에 와서 정착하여 살았습니다. 조선왕

조는 외국인들의 성품과 지식, 기술 등이 좋은 경우, 조선 처녀와 혼인시켜 조선 사람으로 동화시켰다고 합니다. 이들은 모두 외국으로부터 이 땅에 이주하여 살면서 모두 우리 민족 속에 동화되었습니다. 그러므로 이러한 사례는 우리가 단일민족, 순수혈통이라는 배타적 민족의식의 고정관념을 허물기에 충분할 정도라는 것입니다.

이는 작은 물줄기가 여러 작은 시내의 유입으로 인해 큰 강물이 되어 도도히 흐르는 것에 비유할 수 있습니다. 이상과 같은 사례에서 보듯이, 우리가 순수혈통임을 고집할 필요는 없습니다. 하지만 우리는 단군을 시조로 한 한민족으로서의 자부심을 가질 필요가 있습니다. 이들 외국으로부터의 이주민들이 우리 민족성에 좀 더 다양한 특성을 더하여 준 것입니다. 오랜 기간 동안 다양한 이민족의 유입에도 불구하고 우리 민족을 결집시켜 준 것은 단군의 '홍익인간(弘益人間)'의 이념과 그를 기반으로 주변의 환경에 대응하면서 형성되어진 우리 문화의 힘이라고 생각합니다. 우리 민족이 오랜 기간 동안 이민족의 유입으로 우리 문화를 더욱 다채롭게 발전시키면서 오늘에 이르렀듯이, 현재 우리가 당면한 다문화가정 관련 문제도 충분히 이들을 포용할 수 있으리라 믿습니다.

앞에서 언급했듯이, 2011년 설문조사에서 우리 시대에 홍익인간의 정신이 걸맞다고 생각하는가 하는 질문에 대해 "홍익인간의 정신이 걸맞다고 생각한다"가 72.7%로 "홍익인간의 정신이 걸맞다고 생각하지 않는다"는 응답의 17.1%를 훨씬 앞서고 있습니다.("모르겠다"는 응답은 10.3%) 즉, 우리 현재 국민의 상당수가 우리 시대에 홍익인간의 정신이 걸맞다고 생각하고 있듯이, 홍익인간 정신은 우리 국민을 단합시킬 수 있으며, 아울러 우리의 다문화가정도 포용하여 단군 이래 유지되어 온 우리의 민족성을 더욱 풍요롭게 하면서 앞으로도 발전해 나갈 것이라고 생각합니다. 그렇게 하기 위해서는 우리가 다문화가정을 포용할 구체적인 정책을 비롯해 다양한 방법들을 상호 논의를 통해 강구해 나가야 할 것입니다.

6. 마무리

지금까지 살펴봤듯이, 〈단군신화〉는 환인(桓因)-환웅(桓雄)으로 이어지는 외래 이주민인 천상족과 토착족인 곰족의 결합을 통해 단군(檀君)이 탄생하고, 단군이 고조선(古朝鮮)을 건국하여 나라를 다스리는 내용을 담고 있는 이야기이며 이러한 내용을 상징적으로 표현하고 있는 것입니다.

단군 이래 우리 민족의 국가들은 오늘날까지 여러 가지 이유로 꾸준히 외국으로부터 이주민이 유입되어 왔으며, 우리는 이들을 한민족으로 동화하여 함께 생활해

오고 있습니다. 그러므로 우리 민족이 순수혈통을 지니고 있다는 편견에서 벗어나 우리 민족을 하나로 묶어주었던 것이 무엇인지를 파악할 필요가 있으니, 그것은 '환인-환웅-단군'으로 이어지는 "널리 인간세상을 이롭게 한다."는 '홍익인간(弘益人間)'의 정신입니다. 이 이념은 우리 민족이 혈통적 다양성을 가지면서도 하나로 뭉칠 수 있도록 해주었고, 이러한 혈통적 다양성은 우리의 민족성과 더불어 우리 문화를 다양하면서 깊이 있게 만드는 데 일조했다고 봅니다.

'환인-환웅-단군' 이래 전해오는 '홍익인간'의 정신을 우리가 제대로 계승한다면 현재 우리가 안고 있는 다문화가정과 관련된 문제도 원만하게 해결할 수 있을 것으로 봅니다. 이것은 포용과 상호 배려의 정신입니다.

(2024. 9. 25. 대구 범어도서관)

막달레나 마리아(방경숙) 시집
김병국 시평집

그
리
움

초판 인쇄 2024년 12월 5일
초판 발행 2024년 12월 10일

지은이 막달레나 마리아(방경숙)
김병국
펴낸이 강신용
펴낸곳 문경출판사
주 소 34623 대전광역시 동구 태전로 70-9 (삼성동)
전 화 (042) 221-9668~9, 254-9668
팩 스 (042) 256-6096
E-mail mun9668@hanmail.net
등록번호 제 사 113

ⓒ 막달레나 마리아(방경숙), 김병국, 2024

ISBN 978-89-7846-855-863-3 03810

값 12,000원

* 무단 복제 복사를 금함
* 잘못된 책은 교환해드립니다.